Pausch/Pausch · Kleine Weltgeschichte der Steuerzahler

Herausgegeben in Verbindung mit dem
Deutschen wissenschaftlichen Steuerinstitut
der Steuerberater und Steuerbevollmächtigten e.V., Bonn

Kleine Weltgeschichte der Steuerzahler

Steueruntertanen - Steuerrebellen - Steuerbürger

von

Alfons Pausch und Jutta Pausch

Verlag Dr. Otto Schmidt KG · Köln

CIP-Titelaufnahme der Deutschen Bibliothek

Pausch, Alfons:

Kleine Weltgeschichte der Steuerzahler: Steueruntertanen – Steuerrebellen – Steuerbürger / von Alfons Pausch u. Jutta Pausch. [Hrsg. in Verbindung mit d. Dt. Wiss. Steuerinst. d. Steuerberater u. Steuerbevollmächtigten e.V., Bonn]. – Köln: O. Schmidt, 1988.

ISBN 3-504-01873-9

NE: Pausch, Jutta:

Umschlagbild:
Gemälde von J. d. Faye, um 1670.
Erläuterungen und Bildquelle siehe Seite 79.

Gesamtherstellung: Bercker, Graphischer Betrieb GmbH, Kevelaer

Printed in Germany

Inhaltsverzeichnis

III. Neuzeit um 1500 n. Chr. bis heute

Anhang

Zum Geleit

Das Deutsche wissenschaftliche Steuerinstitut der Steuerberater und Steuerbevollmächtigten e. V., Bonn, ist – wenn man seinen Wirkungsbereich ‚Fortbildung' betrachtet – zukunftsorientiert an Änderungsgesetzen und Reformen, die die Legislative ohne Rast produziert. Denkt man an die gutachtende Tätigkeit des Instituts, so finden wir uns da mitten in gegenwärtiger steuerrechtlicher Praxis bei der Lösung von Fällen aus dem Berufsalltag des Steuerberaters. Für seinen großen Freundeskreis schließlich stellt das Steuerinstitut zu den Jahreswenden gern einzelne historische Dokumente vor, die bedeutende Archive seit eh und je bewahren.

Wir Steuerbetroffenen – Steuerzahler wie -berater – , die wir im Leben und Beruf stehen, gewinnen Geschichte selten mehr ab als die Erinnerung an Zahlen und Namen in Verbindung mit markanten Geschehnissen und stereotypen Lebenszyklen. Dabei ist kaum eine Zeit wie die unsrige so offen für Historie. Der Wissenschaft stehen heute allenthalben Bibliotheken und Sammlungen – sogar über die nationalen Grenzen hinweg – zur Forschung offen. Und manches Zeugnis menschlicher zivilisatorischer Vergangenheit, das der Erdboden durch die Jahrhunderte bewahrt hat, wird erst in unseren Tagen zufällig oder gar systematisch grabend entdeckt.

So gerät Geschichte – wie Steuergeschichte – zur Faszination. „Alles schon einmal dagewesen" – wer unangerührt so empfindet, dem ist unser Lebensprinzip, daß gelebte Gegenwart ja morgen Vergangenheit ist, nicht recht bewußt. Dabei überdeckt das geschichtliche Dunkel nur Lebensabläufe aller erdenklichen Dynamik: das Aufeinanderprallen von Gegensätzen, die Leidenschaften, unerbittliche Konsequenzen, Befreiung der einen und „Befriedung" der anderen, Austeilen und Abnehmen, skrupellos wie autorisiert, überrumpelnd wie schonend, enteignend wie fürsorglich gebend, ehe noch Menschenrechte den Obrigkeiten die Wege gewiesen haben.

Das Deutsche wissenschaftliche Steuerinstitut der Steuerberater und Steuerbevollmächtigten e. V., Bonn, hat sich gern zur Herausgeberschaft über diese Schrift entschlossen, weil es mit dem liebenswürdigen Autoren-Ehepaar Dr. Alfons und Jutta Pausch deren Faszination an der Steuergeschichte teilt. Beiden sei an dieser Stelle für ihre vorzügliche bildhafte Dokumentation der Belegstükke und ihre im Schrifttum sonst in dieser Geschlossenheit unerreichte sachkundige Interpretation herzlichst gedankt.

Mit dem Steuerinstitut und seiner Ausstrahlung vor allem in den steuerberatenden Beruf wollen wir dieser „Kleinen Weltgeschichte der Steuerzahler" den Weg öffnen auch in eine Leserschaft, die wie keine andere weiß, was in unserer Gegenwart der Griff nach Abgaben für den Einzelnen bedeutet. Im Spiegel dieser steuergeschichtlichen Schrift findet sich aber auch jeder Steuerzahler und Laie wieder, gleichviel welcher Einstellung zu Steuern und Staat er persönlich verhaftet ist.

Deutsches wissenschaftliches Steuerinstitut
der Steuerberater und
Steuerbevollmächtigten e. V., Bonn

Der Vorsitzende

Dr. Dann

Grußwort

Wir Steuerbürger von heute begreifen uns weder als Steueruntertanen noch als Steuerrebellen. Als mündige Bürger nehmen wir teil an der steuerpolitischen Willensbildung im Staate. Die Verfassung garantiert unsere Rechte. Notfalls können wir sie vor den Gerichten erstreiten. Welch ein Wandel: aus der misera plebs contribuens von einst sind selbstbewußte Steuerbürger geworden. Steuerzahler, wohlgemerkt, nicht Steuerverweigerer.

Mit weiser Einfühlsamkeit zeichnen die Autoren kenntnisreich die Meilensteine dieser Metamorphose nach; stets eingedenk, daß allein Robinson auf seiner Insel keine Steuern braucht. So geriet ihnen ihre „kleine" Steuergeschichte unversehens zur hohen Denkschule für die Steuerpolitiker unserer Tage. Auch für jene übrigens, die nichts lesen mögen; denn ihnen erschließt sich die geheimnisvolle Steuerwelt – vielleicht – beim bloßen Betrachten der sorgsam ausgewählten Bilder. Die Reise durch die Jahrtausende ergreift und lehrt zugleich, etwa dies: Selbst harte Fron und hohe Last werden klaglos ertragen, solange sie als angemessene Gegenleistung erkennbar sind. Das galt einst und gilt heute noch, obwohl wir nun schon an die achtzig Jahre die Steuergesetze demokratisch mitgestalten. Aber wer gestaltete denn da eigentlich mit, wo doch die Masse steuerpolitisch ratlos war, wie die Verfasser treffend den Zustand unter der Reichsverfassung von 1919 beschreiben. Die Welt hatte sich verändert, und sie sollte sich nach dem Zweiten Weltkrieg erneut ändern. Es vollzog sich der Wandel zum Sozialstaat und damit gleichzeitig zum Steuerstaat, denn er bedient sich zu seiner Zielverwirklichung vornehmlich des Instrumentariums der Steuergesetzgebung.

In dieser Situation stellen sich Konflikte geradezu zwangsläufig ein. Sie lassen sich weder mit Hilfe von Ideologien noch mit den Methoden der Poujades und Glistrups lösen, wie die Verfasser mahnend aufzeigen. Gefragt ist kühler Sachverstand, der sich – weitab von hitzigen und ideologieträchtigen Emotionen – an den Erkenntnissen moderner Finanzwissenschaft und sozialökonomischer Verhaltensforschung orientiert.

Völlig zu Recht ziehen die Autoren, rückblickend auf fünftausend Jahre Steuergeschichte, schließlich den Schluß, daß es uns Menschen wohl nie gelingen wird, das absolut gerechte Steuergesetz zu erfinden. Aber es ist uns aufgegeben, danach zu streben. Und das bedeutet aus heutiger Sicht zweierlei: Zum einen müssen wir endlich aufhören, der Gemeinschaft immer mehr abzuverlangen, ihr immer neue Aufgaben anzulasten, und wir müssen begreifen lernen, daß Sozialschnorrerei und Verschwendung öffentlicher Mittel genauso sozialschädlich sind wie Steuerhinterziehung. Zum anderen müssen wir unser Steuerrecht endlich den Gesetzen innerer Sachlogik unterwerfen, damit es sich als folgerichtige und widerspruchsfreie Gerechtigkeitsordnung zu entfalten vermag (Tipke).

Bund der Steuerzahler e. V., Wiesbaden

Der Präsident

Dr. Armin Feit

Vorwort

Wir Steuerzahler – zu uns gehört jedermann von der Geburt bis zum Grabe – sind die Lastenträger des Staates, die Geldgeber der öffentlichen Hände, die „geschröpften Bürger", die „Kulis der Nation". Ohne uns geht nichts, was die Gemeinschaft etwas kostet. Und diese Kosten machen viele von uns zu geheimen und manchen zu offenen „Steuerrebellen", auch wenn wir alle zugleich Leistungsempfänger unseres Staates sind.

Wie war das früher, bei uns und anderswo? Wer waren unsere steuerzahlenden Ahnen? Wie sind unsere Vorfahren mit den Steuerlasten zurechtgekommen? Wann und wo haben sie sich gegen Überforderungen zur Wehr gesetzt? Welche evolutionären oder revolutionären Entwicklungen sind von den Steuerbetroffenen ausgegangen, in Europa oder Übersee? Wie war das mit den Steuerrevolten im Freiheitskampf der Niederlande, in der Unabhängigkeitsbewegung der USA, in der Französischen Revolution, beim Winzeraufstand in Bernkastel oder jüngst mit den Steuerparteien eines Poujade und eines Glistrup?

Wir haben versucht, solchen Fragen nachzugehen und dabei drei Gesichtspunkte zu berücksichtigen:

1. Es soll nur eine „kleine" Geschichte werden, die auch eiligen Lesern einen gerafften und kurzweiligen Überblick ermöglicht; für den Einstieg mag schon die Betrachtung der Bilder genügen, die wir in jahrelangen Forschungen zusammengetragen haben.
2. Der Blick soll auf die Schwerpunkte der steuerlichen „Weltgeschichte" gelenkt werden, ausgehend vom Alten Orient und der klassischen Antike, über das mittelalterliche Abendland bis in die Welt der Neuzeit und der Gegenwart.
3. Die Beschreibung soll sich auf das Steuergeschehen „unten", an der Basis, konzentrieren und den Menschen in seiner Eigenschaft als öffentlichen Lastenträger zum Bezugsmittelpunkt erheben.

Mögen aus der lehrreichen Steuervergangenheit Impulse für die bestmögliche Gestaltung unserer Steuerzukunft folgen.

Alfons und Jutta Pausch

I

Altertum

um 3000 vor Chr. bis 500 nach Chr.

Die Urahnen: Fürsorger, Opfergeber, Leistungspflichtige

Am Anfang war der Fürsorger; ihm folgten Opfergeber und Leistungspflichtige. Das ist nach unserem heutigen Wissensstand die Ursprungsformel für den Aufstieg des Menschen vom fürsorgewilligen Hordenmitglied über den opferbereiten Kultgenossen und den leistungsverpflichteten Verbandsangehörigen bis zum steuerzahlenden Staatsbürger.[1]

Steuern, als Mittel zur Befriedigung von Gemeinschaftsbedürfnissen verstanden, haben ihren Ursprung im Gemeinschaftsleben. Der Mensch ist von Natur aus auf Gemeinschaft angewiesen, von der er Leistungen empfängt und für die er Leistungen erbringt. Die Wechselbeziehung von Leistung und Gegenleistung ist von den Anthropologen als ein lebensbestimmendes „Prinzip der Gegenseitigkeit" erkannt worden. Die Ethnologen haben diese Wechselseitigkeit durch ein reichhaltiges Material, das ihnen ein Vergleich der Naturvölker lieferte, schon für die frühen Gesellschaften nachgewiesen.[2]

Ausgangspunkt ist die Kleinfamilie, in der sich Mann, Frau und Kind gegenseitig als „Unterhaltsleistende" beistehen. Bei den nomadisierenden Jägern und Sammlern, die in Horden von etwa 20 bis 60 Mitgliedern zusammenleben, wird die Jagd- und Sammelbeute wie in Großfamilien „füreinander" verteilt. Die Unterhaltsleistenden werden zu „Fürsorgern" der ganzen Horde; ihre selbstverständlichen Fürsorgeleistungen in Form von Gaben und Arbeit gegenüber Hilfsbedürftigen, den Witwen, Waisen, Kranken und Gebrechlichen, kommen ihnen bei eigener Not wie Versicherungsleistungen selber zugute. Es gibt in der Regel keinen steuerartigen „Zwang"; die Gegenseitigkeit ist ein natürliches Ordnungselement zur Wahrung der gemeinschaftlichen Existenz.

Die frühen Ackerbauern und Viehzüchter haben sich in größeren Siedlungsgemeinschaften von hunderten und bald tausenden Mitbewohnern zusammengeschlossen. Zu den verwandtschaftlichen und gruppenmäßigen Fürsorgeleistungen traten neue Gemeinschaftsbedürfnisse, wie gemeinsame Bewässerungsanlagen für die Felder oder Schutzmauern gegen Angreifer. Die Einzel- und Gemeinschaftsleistungen verlangten mehr und mehr nach regulierenden Einrichtungen: Sie wurden ritualisiert und politisch organisiert. In wechselhaften und fließenden Übergängen bildeten sich Kultgenossenschaften und Herrschaftsverbände heraus, die den gemeinschaftsbedürftigen Menschen zum „Opfergeber" und schließlich zum „Leistungspflichtigen" wandelten.[3] Die frühen Gesellschaften haben natürlich noch kein Fachwort für „Steuerzahler". Wer eine Fürsorgegabe, ein Opfer oder eine Pflichtleistung erbringt, ist ein Lastenträger, der ganz einfach als „Mensch mit einer Gabe", „Mensch mit Tier" oder „Mensch mit Frucht" bezeichnet und dargestellt wird.

„Mensch mit Lamm" – Fürsorger, Opfergeber oder Leistungspflichtiger?

Die ältesten aufgefundenen Darstellungen von „Lastenträgern" stammen aus dem kultischen Lebensbereich, in dem der Übergang von Opfergaben zu Tempel- oder Kirchensteuern fließend war. Perlmutterrelief aus Mari am Euphrat, Mesopotamien, 3. Jahrtausend v. Chr. (Museum in Aleppo).[4]

Vom Opfergeber zum Steuerpflichtigen

Ein entscheidendes Kennzeichen des Steuerzahlers ist seine „Pflicht" zur Leistung, die heute auf einem gesetzlichen „Zwang" beruht. Wann, wo und wie sind die Menschen erstmals „Pflichtige" unter einer Zwangsgewalt geworden?

Ausgehend von dem Aristotelischen Axiom, daß der Mensch ein „zoon politikon", ein Gemeinschaftswesen ist, haben die Völkerkundler schon für die Naturvölker fließende Übergänge zwischen verwandtschaftlich selbstverständlichen, gesellschaftlich erwarteten, gewohnheitsmäßig erbrachten, sittlich gebotenen und rechtlich geregelten Leistungen festgestellt. Wann daraus erstmals feste, erzwingbare Verpflichtungen entstanden sind, ist eine Frage an die Althistoriker, die nach beweiskräftigen Schriftzeugnissen suchen. Die archäologische Leitspur führt in das biblische Umfeld nach Vorderasien, wo zwischen 7000 und 4000 v. Chr. Ackerbauern und Viehzüchter feste Siedlungen gründeten und für ihre Wirtschafts- und Verwaltungsaufgaben die ersten Zahl- und Wortzeichen erfanden.[5] Die ältesten bisher entzifferten Schriftbilder stammen aus der Wende vom 4. bis zum 3. Jahrtausend und sind in den Tempel- und Palastbezirken der Sumerer in Mesopotamien (heute Südirak) ausgegraben worden. Die zahlreich miteinander auftauchenden Ideogramme für „Gott" und „Mensch" lassen im Zusammenhang mit erzählenden Reliefbildern und nachfolgenden Mythentexten eine stark religiös geprägte Ordnung mit gegenseitigen Gott-Mensch-Beziehungen erkennen.[6] Hiernach wird das irdische Zusammenleben von einem Pantheon gelenkt, dessen Gottheiten „heilige Gesetze" erlassen. Für die Viehzüchter schickten sie den Viehgott Lahar, der ihnen „Schafhürden, Pflanzen und Kräuter in Fülle schenkte." Für die Ackerbauern entsandten sie die Getreidegöttin Aschnan, die ihnen „Hof, Pflug und Joch schenkte."

Solchen „Schenkungen" der fürsorgenden Götter entsprachen nach dem gesellschaftlichen Urprinzip der Gegenseitigkeit „Gegenschenkungen" der Menschen. Es ist der Tempel, in den die Beschenkten ihre Gegenleistungen zur lokalen Schutzgottheit bringen, „ihre heiligen Gaben, die Opfergeschenke, schmeichelnde Trankopfer von überallher, Opfer aus reicher Beute", wie es in einer Hymne auf das Oberhaupt des Götterhimmels heißt. Sitte, Religion und Recht verdichten sich zu einem einheitlichen Ordnungsgefüge, in dem die Menschen zu organisierten „Lastenträgern" der Gemeinschaft werden.

Sie nehmen in den sich formierenden Tempelstaaten des Alten Orients immer deutlicher den Charakter regulärer Steuerpflichtiger an, die Leistungen erbringen, aber auch Leistungen empfangen. Als rechtsverpflichtender Grundsatz für eine allgemeine Belastung könnte zunächst die „Goldene Regel" aufgekommen sein, die hier sinngemäß besagt: „Was du an Leistungen von anderen erwartest, das leiste du auch ihnen." Sie ist schon im Alten Testament zu finden und steht als zeitlose Handlungsmaxime in der Bergpredigt des Neuen Testamentes.[7]

„Frau mit Gefäß" und „Mann mit Tier" vor dem Thron der Schutzgottheit

Symbolisierung des gesellschaftlichen Grundprinzips der Gegenseitigkeit: Die beiden Opfergeber oder Tempelsteuerpflichtigen erlangen dafür den Fruchtbarkeitssegen der Gottheit. Die „Heiligen Gesetze" legten die Opferpflicht dem Grunde nach fest, während die Höhe der Leistung anfänglich nach Selbsteinschätzung erfolgte.
Nachbildung eines Siegelbildes auf schwarzem Marmor, Sumer, 3. Jahrtausend v. Chr. (Original im Louvre, Paris).[8]

Die ersten Zehntsteuerzahler im Morgenland

Der Eintritt des Menschen in eine erzwingbare Steuerpflicht läßt sich zuerst in den sumerischen Kultzentren nachweisen. An den „Paradiesflüssen" Euphrat und Tigris gruppierten sich um die Tempelbauten aufblühende Stadtgemeinden. Sie entwickelten sich zu theokratischen „Staaten", deren drohendes Zwangsmittel die Ächtung und Vertreibung der Steuersäumigen war.[9]

Die ältesten Anhaltspunkte hierfür liefern uns Denkmäler aus dem Stadtstaat Uruk, dem biblischen Erech.[10] Hier wurden im Schutt von monumentalen Tempelbauten aus dem auslaufenden 4. Jahrtausend v. Chr.[11] die ersten Schrifttafeln mit dem sumerischen Wort „en" = „Herr" gefunden, das auf einen „Herrscher" bezogen ist, bald für die Stadtgottheit, bald für den Oberpriester gebraucht, zu „ensi" = „Stellvertreter" fortgbildet und durch den Königstitel „lugal" = „Großer Mann" abgelöst wird. Für die Experten des altorientalischen Rechts steht fest: Im sumerischen Stadtstaat übte der erste Priester der örtlichen Hauptgottheit als deren Stellvertreter eine rechtsverbindliche Herrschaft aus.[12] Die Soziologen definieren die Herrschaft als „institutionalisierte Macht".[13] Die Entfaltung dieser Macht zur Staats- und Steuerhoheit soll in einer gesonderten Darstellung aufgezeigt werden.[14]

In der archaischen Urukschrift sind verschiedene Bildzeichen als Vorläufer von Schriftzeichen für „Abgaben" erkannt worden. So werden z. B. auf Lehm eingeritzte Vasen oder Krüge als Naturalabgaben für Wein, Bier oder Speiseöl gedeutet, wie sie bei den regelmäßigen Tempelfesten als Realsteuern (im ursprünglichen Wortsinne) verlangt wurden; eingeritzte Ähren deuten auf Kornsteuern hin.[15] In späteren Keilschrifttexten taucht für vergleichbare Tempelabgaben oder „Kirchensteuern" die sumerische Mengenbezeichnung „zag" = zehn oder Zehntel auf, womit die Zehntsteuer gekennzeichnet wurde. Ihre Anfänge werden durch Rückschlüsse aus gleichartigen Herrschafts- und Wirtschaftsverhältnissen bis in die Urukzeit um 3100 v. Chr. gelegt.[16] Es kann angenommen werden, daß die ersten Abgaben dieses Namens festabgemessene Leistungen nach dem Zehnersystem waren. Im Laufe der Zeit wurde das nominelle Steuermaß „Zehnt" freilich oft über- oder unterschritten. Auch konnte der Zehnt früh schon in landesüblichem „Geld", wie Kupferbarren oder Hacksilber, entrichtet werden, so daß er dem modernen Steuerbegriff von „Geldleistungen" nahekam.[17] Als Zehntgeber sind Mitglieder fast aller Gesellschaftsklassen bezeugt: die Phalanx der morgenländischen Steuerzahler vor 5000 Jahren.

Abgaben-Indizien aus dem Tempelstaat Uruk

Oben zwei Tontafelfragmente mit sumerischen Zahlzeichen (die rundlichen und keilförmigen Eindrücke), eingeritzten Krügen (links) und einer Ähre (rechts) als Bildzeichen für Naturalabgaben. Ende des 4., Anfang des 3. Jahrtausends v. Chr. (Orientalisches Seminar der Universität Heidelberg).
Unten Gabenträger mit gefüllten Abgabengefäßen beim Tempelfest. Sie vermitteln eine Vorstellung von den ersten „Steuerzahlern" der Weltgeschichte. Reliefband an einer Vase aus dem Tempelschatzhaus in Uruk, um 3000 v. Chr. (Irak-Museum Bagdad).[18]

Ackerbauern, Hirten und Fischer als Hauptträger der Steuerlast

Auf den altsumerischen Buchführungstafeln nehmen die Bild- und Schriftzeichen für landwirtschaftliche Abgaben den ersten Platz ein. Es waren die seßhaft gewordenen Landwirte, die bis zur industriellen Revolution des 19. Jahrhunderts die Hauptträger der Steuerlast bleiben sollten. Für diese Wegbereiter der Agrikultur galt das mythische Wort des Erdgottes Enki: „Ich bin der Herr des Landes."[19]

Der Glaubenssatz, mit dem Gott als Herrschaftsberechtigter[20] über Land, Mensch, Tier und Pflanze anerkannt wird, durchzieht das ganze Altertum und lebt auch im Christentum fort.[21] Die darauf gegründeten Texte erschweren die fachspezifische Abgrenzung der „Steuerzahler" vom Betriebspersonal des Tempels oder von Pächtern der Tempelländereien. Wer zum Dienst auf dem „Land des Herrn" verpflichtet war, kann zu den „Fronpflichtigen" (von fro = Herr, Gott) gehört haben, deren körperliche Naturalleistungen zu den Frühformen der Steuern zählen; ihre Existenz wird von den Sumerologen aus den verfeinerten Keilschrifttexten ab der Mitte des 3. Jahrtausends abgelesen, zusammen mit steuertypischen Angaben, die bestimmte Gesellschaftsgruppen als regelrechte Steuerzahler erkennen lassen.[22] Mit an erster Stelle werden die „engar" (= Landwirte) genannt, unter denen die Hirten (als Viehzüchter) „nicht nur an Festtagen, sondern auch das ganze Jahr hindurch Steuern zu zahlen hatten".[23] Häufig werden die „Zickleinabgabe" und die „Wollsteuer" erwähnt. Die Fischer hatten eine „Fischsteuer" zu entrichten, über deren Einbringung die Texte genaue Auskunft geben. Für diese Steuerarten wird der finanztechnische Begriff „lul-gu" gebraucht.[24] Auch heißt es: „Die Schiffe hatten selbstverständlich für den Import von Waren aus dem Ausland und auch für die Benutzung der Kanäle Steuern zu entrichten." Zu diesen Einfuhr- und Kanalzölle gesellte sich im Alten Orient ein Netz von Wege-, Brücken- und Torzöllen, und in den Kultzentren blühten Märkte und Basare auf, die den Angelpunkt für Marktzölle und Verbrauchsteuern abgaben.

Hinter den Pflichtigen stand der Zwang der „Gesetze der Götter", auf deren Befolgung die irdischen Stellvertreter mit ihren vielfach bezeugten Steuereinnehmern achteten. Aus späterer Zeit sind für Zehntpflichtige Steuereide überliefert, bei deren Verletzung sie sich „der Strafe der Götter und des Königs" aussetzten.[25]

Nach der mosaisch-rabbinischen Rechtslehre wurden Steuerhinterzieher als Verletzer göttlichen Gebotes „Räubern" gleichgestellt.[26] Die religiöse Motivierung mochte einer gleichmäßigen Besteuerung gedient haben, solange sie von den „Stellvertretern der Gottheit" nicht mißbraucht wurde.

Mensch mit Fischen

Im fischreichen Mesopotamien (= Zwischenstromland) gehörten die Fischer zu den wichtigsten Wirtschaftsgruppen; für sie sind monatliche „lul-gu" Naturalabgaben in Form von Meeresfischen, Süßwasserfischen und Trockenfischen bezeugt. Ausschnitt aus einem Mosaik des sumerischen Tempelstaates Ur (am Unterlauf des Euphrats), 1. Hälfte des 3. Jahrtausends v. Chr. (Britisches Museum London).[27]

Palaststeuerzahler proben den Aufstand

Für die Mitte des 3. Jahrtausends sind die ersten sumerischen Kriegsberichte im Zusammenhang mit Steuersteitigkeiten überliefert.[28] Das theokratische System der Tempelstaaten wurde offenbar durch rivalisierende Priesterfürsten erschüttert, die religiös motivierte Steuerleistungen für dynastische Ziele oder zu persönlicher Bereicherung in Anspruch nahmen.[29] „Die Zeit war also reif für eine Volkserhebung. Der Aufstand brach zuerst in Lagasch aus", berichten die Sumerologen.[30]

Allem Anschein nach haben irdische Stellvertreter der Gottheit sakrale Tempelsteuern in profane Palaststeuern umgewandelt und ihre weltliche Herrschaft mit Hilfe von Kriegssteuern auszuweiten begonnen. Die sparsamen Texterzählungen lassen keine genaue Datierung für den Beginn dieses Wandlungsprozesses zu; eine Trennung in Tempelsteuerzahler und Palaststeuerzahler kann da und dort schon in der schriftlosen Frühzeit erfolgt sein. Die ersten Schriftbelege beziehen sich auf Bruderkriege im Kleinstaat Lagasch am unteren Tigris. Dort hatten ab 2600 v. Chr. immer wieder Grenzstreitigkeiten um fruchtbare Gerstenfelder stattgefunden, von deren Bewirtschaftern der Stadtfürst Entemena um 2400 einen „Gerstenzins" und außerdem „eine Steuer" beträchtlichen Ausmaßes forderte. Es kam zu blutigen Kämpfen und zu Plünderungen durch einen Tempelvorsteher Il, über den der Historiograph den Fluch aufzeichnete: „Möge das Volk seiner Stadt aufstehen gegen ihn und ihn mitten in seiner Stadt erschlagen!"[31] Das steuerzahlende Volk hatte sich inzwischen zu einer stattlichen Gemeinschaft von Landwirten, Händlern und vielerlei Handwerkern zusammengemischt, die wohl mit der theologischen Verbrämung der dynastischen Steuerforderungen nicht einverstanden waren. Ein Fragment deutet sodann auf Steuererleichterungen durch den Stadtfürsten hin: „Er ordnete die Befreiung von der Leistung der Zinsgerste an. Er ordnete auch die Freiheit der Bürger von Uruk, Larsa und Patibira an."[32] Wie in allen frühgeschichtlichen Texten greifen der Zins- und der Steuerbegriff ineinander über und werden zumeist bedeutungsgleich verwandt.

Nach einem Umsturz folgte um 2350 die erste schriftlich bezeugte „Steuerreform". Sie begünstigte diejenigen Berufe, aus deren Familien sich die Soldaten rekrutierten. Die Soldaten aber wurden mehr und mehr für Tributfeldzüge eingesetzt, die die Hauptsteuerlast auf Fremde verlagerten. Zahlreiche Denkmäler der Folgezeit deuten den Übergang vom Tempelstaat zu beutegierigen Despotien mit brutal erhobenen Tributen an, die auf unterworfene „Kriegssteuerzahler" umgelegt wurden.

Tributbringer unter den Füßen des Tributherrn

Fremde Kriegssteuerzahler entrichten in unterwürfiger Haltung ihren Tribut. Sockel einer Statue des Stadtfürsten Ur-Ningirsu aus Tello-Lagasch, Ende des 3. Jahrtausends v. Chr. (Louvre, Paris).[34]

Hörige Steuerzahler unter den Pharaonen

Während die ersten schriftlich belegbaren Abgabepflichtigen an Euphrat und Tigris sich um die Tempel von Stadtstaaten gruppierten, konzentrieren sie sich am Nil auf den Palast des Pharao und seine Person.[35] Auch hier wird die Schrifterfindung auf die Wende vom 4. zum 3. Jahrtausend v. Chr. datiert; steuerfachliche Hinweise finden sich seit der 1. Dynastie um 2900 v. Chr., nach der Entschlüsselung der wesentlichen Hieroglyphen.[36]

Wie in anderen frühen Hochkulturen sind auch in Altägypten Abgaben, Auflagen und Steuern für die Betroffenen grundsätzlich gleichartig, da sie auf der Vorstellung beruhen, alle Dinge sowie Produktionsmittel und Produkte gehören dem König.[37] Die Masse des Volkes steht in einem leistungspflichtigen Hörigkeitsverhältnis zum König, der nach dem gesellschaftlichen Prinzip der Gegenseitigkeit dafür ihre Versorgung übernimmt. Doch in zweiter Linie empfinden sich die Hörigen als Eigentümer der königlichen Versorgungszuweisungen, wodurch sie mit ihren Gegenleistungen an den Palast wirtschaftlich den Steuerzahlern gleichkommen. So ist es für die Viehzüchter einerlei, ob sie rechtsbegrifflich als hörige Hirten oder als freie Herdenbesitzer gelten, wenn der König mit seinem Hofstaat zur zweijährlichen oder dann alljährlichen Einzugsreise kommt; nach den Annalen der frühen Dynastien sind Viehhalter rundweg verpflichtet, die vom Einzugspersonal bei der amtlichen Zählung bestimmten „Rinder und Kleinvieh abzuliefern". Auch für den Ackerbauern macht es in der Belastung keinen Unterschied, ob er das erwirtschaftete Getreide als „Königskorn" oder als „Kornsteuer" zu entrichten hat. Auch wenn man, wie es im Schrifttum teilweise geschieht, ein Lehens- oder Pachtverhältnis annimmt, waren Interessenlage und Leistungsdruck nicht anders.[38] Jedenfalls haben die laufenden Zählungen von Vieh und bald auch von Gold und beweglichem Vermögen sowie die fortgesetzten Vermessungen der Felder nach Ansicht der Ägyptologen im Laufe der Zeit zu regelrechten Steuern geführt, für deren Träger die ägyptische Fachbezeichnung „tesset" (= „Steuerzahler") aufkam; „tes" bedeutet ursprünglich „Steine brechen", was auf den Frondienst als urtümliche Steuerleistung hinweist.

Auch nach ihrem Tode hielten die Pharaonen ihre Steuerzahler auf Trab, galt doch der Glaube, daß der König für sie noch im Jenseits weiter sorgen werde. Voraussetzung war das Fortleben der königlichen Gestalt durch Mumifizierung und durch unangreifbare Grabanlagen, für die steuerartige Arbeits- und Opferleistungen zu erbringen waren. Darüber vermitteln uns zahlreiche altägyptische Darstellungen von Gabenträgern in Reliefs, Wandgemälden oder Plastiken ein anschauliches Bild.

Gabenträger im alten Ägypten

Der erste, männliche Träger bringt ein Gefäß mit kosmetischem Öl (?), der zweite eine Amphore mit Wein oder Bier (?), der dritte einen Ziegenbock, die vierte, weibliche Gestalt trägt eine Schale mit Speisen auf dem Kopf und hält eine Lotosblume in der Hand, die fünfte bringt einen geschlossenen Korb und eine Pfeilschwanzente, die letzte trägt einen offenen Korb mit versiegelten Krügen. Der Vorgang kann auf kultische Festtagssteuern bezogen werden.
Bemalte Holzfiguren aus dem Alten Reich, 12. Dynastie, um 1900 v. Chr. (Ägyptisches Museum, Preuß. Kulturbesitz, Berlin).[39]

Fronpflichtige als „Körpersteuerzahler"

Im Reich der Pharaonen springt uns ein altorientalischer Urtyp des Steuerzahlers besonders ins Auge: der Mensch im körperlichen Arbeitseinsatz für den absoluten Monarchen. Die altägyptischen Quellen sprechen von „Dienstverpflichtung", „Pflichtarbeit" oder „Pflichtabgabe", wonach es sich um steuerartig erzwingbare Leistungen handelt.[40] Die dafür gebräuchliche deutsche Bezeichnung „Frondienst" leitet sich von „fro" = „Herr, Gott" und „frono" (= „Besitz der Götter") ab.[41] Gerade die Fronpflichtigen am Nil sollten ihre Arbeit für den gottmenschlichen Pharao als doppelseitigen Gottes- und Herrendienst verrichten.

Sachkenner gehen von einer „Dienstverpflichtung des gesamten Volkes", also von einer „allgemeinen Fronpflicht" aus.[42] Die Menschennutzung erfolgt direkt, indem der König seine Untertanen als „Konskribierte" zu bestimmten Arbeitsleistungen, ähnlich wie zum Militärdienst, ausheben läßt und sie notfalls dazu zwingt. An erster Stelle werden die Deich- und Kanalarbeiter faßbar, die zur Regulierung und Nutzbarmachung der Nilüberschwemmungen eingesetzt werden. Besondere Bedeutung erlangen die Bau- und Transportarbeiter, die zur Errichtung und Erhaltung der Paläste, Tempel, Befestigungsbauten und Grabanlagen herangezogen werden. An der Riesenbaustelle der Cheopspyramide z. B. waren nach glaubwürdigen Berichten 20 Jahre lang immer je 100 000 Arbeitskräfte jeweils drei Monate lang im Einsatz.[43] Daneben werden zwangsverpflichtete Feld-, Pflug- und Erntearbeiter genannt sowie Sandträger, die massenweise zur Bekämpfung von Wanderdünen abkommandiert sind. In königlichen Dekreten ist die Rede von „Fronden aller Art", zu denen auch Handwerker mit ihren Fertigkeiten befohlen werden konnten.[44]

Mit welchen Methoden Fremdvölker zum Frondienst gepreßt wurden, kann etlichen Stellen des Alten Testamentes entnommen werden. Auch wenn die Berichte von Sagen und Legenden durchwoben sind, spiegeln sie in ihrem historischen Kern die soziale Situation der Zeit wider.[45] „Da setzte man Fronvögte über sie ein, um sie durch schwere Arbeit unter Druck zu setzen ...", heißt es z. B. zu dem langjährigen Frondienst der Israeliten im östlichen Nildelta (2. Buch Mose 1,11 ff.). Als Lehre daraus sollte ihnen das Gebot gelten: „Wenn bei dir ein Fremder in eurem Lande lebt, sollt ihr ihn nicht unterdrücken. Der Fremde, der sich bei euch aufhält, soll euch wie ein Einheimischer gelten, und du sollst ihn lieben wie dich selbst; denn ihr seid selbst Fremde in Ägypten gewesen. Ich bin der Herr, euer Gott" (3. Buch Mose 19,33 f.). Der letzte Satz dieser Bibelstelle brachte den Gläubigen des Alten Bundes zum Bewußtsein, wer ihr eigentlicher und gerechter „Fronherr" war.

Fronpflichtige Israeliten in Ägypten

„Und sie bauten dem Pharao die Städte Pitom und Ramses als Vorratsstädte... Da zwangen die Ägypter die Israeliten unbarmherzig zum Dienst und machten ihnen ihr Leben sauer mit schwerer Arbeit in Ton und Ziegeln und mit mancherlei Frondienst auf dem Felde, mit all ihrer Arbeit, die sie ihnen auflegten ohne Erbarmen" (2. Buch Mose 1,11–14, nach der revidierten Lutherbibel).
Holzschnitt von Julius Schnorr von Carolsfeld, Dresden 1860.

Steuersünder und Steuerstreiks am Nil

Die Herrscher des Alten Orients ließen zwar ihre eigenen Helden- und Opfertaten aufzeichnen, doch an Niederschriften über die Freuden und Leiden der Steuerzahler waren sie offenbar nicht interessiert. So fehlen genauere Angaben über die Steuerhöhe – nur selten wird in Ägypten der Maßstab des „Zehnten" angedeutet – und über die Modalitäten des Besteuerungsverfahrens. Doch kann aus den allgemeinen Daten zur Staats-, Rechts- und Wirtschaftsgeschichte auf manche Steuerqualen und Steuerrevolten des kleinen Mannes geschlossen werden.

Aus Dekreten und Gerichtsakten sind uns z. B. die Rechtsstrafen bekannt, die bei Verletzung öffentlicher Rechtsgüter im allgemeinen verhängt zu werden pflegten.[46] Nachdem in einem aufgefundenen Prozeßprotokoll für ein einfaches Steuervergehen die normale Prügelstrafe von 100 Schlägen erwähnt wird, darf für schwerere und leichtere Fälle die Anwendung auch der übrigen Strafpalette unterstellt werden: Verstümmelungen durch Abschneiden von Händen, Zunge, Nase und (oder) Ohren, Kastration, Prügel bis zu 200 Schlägen, z. T. mit blutenden Wunden oder mit Brandmalen, Verbannung auf Oasen oder in Steinbrüche mit verschärften Frondiensten, Einziehung von Vermögensteilen oder des Gesamtvermögens, Sippenhaft des Ehegatten (wie bei der heutigen Zusammenveranlagung, damals aber ohne die Möglichkeit der Aufteilung der Gesamtschuld). Jedenfalls war der Steuerzwang sehr scharf. Steuerrückstände wurden, vor allem in Ägypten, nicht selten mit der Peitsche eingetrieben.[47]

So wie die Pharaonen gelegentlich mit Opponenten und politischen Unruhestiftern zu tun hatten, werden sie in Krisenzeiten auch von Steuerrebellen heimgesucht worden sein, auch wenn die amtlichen Quellen solche Vorgänge verschleiern.[48] Anhaltspunkte liefern z. B. die Klagebriefe von Nekropolenschreibern aus Theben der späten Ramessidenzeit (um 1186–1070 v. Chr.).[49] Danach traten Fronpflichtige wiederholt in einen Steuerstreik, und zwar durch organisierte und spontane Arbeitsverweigerung zur Durchsetzung ihres Existenzminimums. In einem Fall wird dem Wesir zunächst gemeldet, daß „weder Scheune noch Schatzhaus" – die damaligen Finanzämter – die notwendigen Versorgungsgüter für ihren Unterhalt liefern. Die erwarteten Rationen mit 50 Sack Korn pro Monat hatten für sie die wirtschaftliche Bedeutung von „Steuererstattungen" zur Sicherung ihrer Existenz. Als diese Rückzahlungen ausblieben, zogen die fronenden Fellachen drohend zum Totentempel und klagten: „Wir sind hierher gekommen vor Hunger und vor Durst". Die Streiks an diesem Ort zogen sich ein halbes Jahr lang hin. Derselbe Pharao Ramses III., der seine Untertanen allein an die Tempel in Theben alljährlich 10 000 Sack Kornsteuer abliefern ließ, vermochte es nicht, den Streikenden die ihnen zustehene Monatsration von 50 Sack pünktlich zu erstatten.[50]

Prügelstrafe am Schandpfahl

„Steuersünder" beim Verhör. Der Sitzende ist an einen Schandpfahl gebunden und empfängt Stockschläge. Links wird einer niedergeduckt, damit er in unterwürfiger Haltung seine „Steuererklärung" zu Protokoll gibt. Reliefplatte im Grabmal des Wesirs Mereruka in Sakkara, um 2400–2300 v. Chr.

Massaker gegen Tributverweigerer

Das Schicksal des Steuerzahlers im Altertum ist untrennbar mit der Tributwillkür despotischer Großkönige verknüpft. Ihre pauschalen Sach- und Geldforderungen richteten sich an unterworfene Kleinkönige oder Stadtherren, die ihrerseits die Gesamtlast auf ihre Untertanen durch Kriegssteuern umzulegen pflegten.[51] Wenn der Tribut nicht befehls- oder vertragsgemäß geleistet wurde, drohte der direkte Steuereinzug durch den Sieger mit oft brutalen Vergeltungsmaßnahmen.

Als Klassiker der altorientalischen Tributpraxis gelten die Herrscher des Neuassyrischen Reiches (um 930–612 v. Chr.), die zwischen Persischem Golf und Nil zum Schreckgespenst der Steuerbetroffenen wurden. Während bei den Sumerern und Ägyptern die Tributpflichtigen sprachlich und faktisch von Geschenkbringern und Fremdhändlern schwer zu trennen sind, haben die Assyrer für sie den Terminus technicus „maddatta" entwickelt, neben dem sie zusätzliche „freiwillige Geschenke" unter dem Namen „namurtu" erwarteten.[52] Die Tributberichte lassen den Leistungsdruck ahnen, wenn z.B. Salmanassar III. (858–824) aufschreiben ließ:

> „Die Abgabe des Adini, Silber, Gold, Edelholz und Elfenbein, empfing ich in Babylon.
>
> In ebendiesen Tagen empfing ich den Tribut des Qulparunda; Silber, Gold, Zinn, Rosse, Esel, Rinder, Schafe, blaue Wolle, linnene Gewänder...
>
> Asia, der König des Landes Dajaeni, erfaßte meine Füße, als Tribut und Abgabe empfing ich Rosse von ihm...
>
> Über Länder und Gebirge, die ich mir unterwarf, setzte ich allenthalben meine Statthalter ein.
>
> Abgaben, Tribut und Gestellung von Fronpflichtigen legte ich ihnen auf."[53]

Mit der Einsetzung von assyrischen Statthaltern begann die Umwandlung fremder Tributgebiete in eigene Steuerprovinzen. Wer sich widersetzte, wurde zur Abschreckung grausam niedergemacht. Die zeigemäß rauhen Sitten spiegeln sich nach den Annalen des Großkönigs Assurnasirpal II, (883–859 v. Chr.) in einem Massaker wie folgt wider:

> „Ich ließ gegenüber dem Stadttor einen Turm bauen, alle Hauptmeuterer schinden und überzog das Gerüst mit ihren Häuten; einige mauerte ich innerhalb des Turmes ein, andere pfählte ich auf Stangen über dem Turm, weitere band ich an Pfähle rings um den Turm."

Wie es heißt, veranlaßte diese Schreckenstat auch die Nachbarstaaten sogleich zur Unterwerfung und Tributzahlung.[54]

Gepfählte „Tributrebellen"?

Im Mittel- und Neuassyrischen Reich (um 1375–612 v. Chr.) erlebte der Alte Orient barbarische Kriegs- und Strafsitten, die sicher auch die Tribut- und Steuerpraxis erfaßten: Massenhinrichtungen und -deportationen, Schinden und Verstümmelungen entsetzlicher Art. Den Gipfel bildete das Pfählen. d. h. Aufspießen auf einen spitzen Pfahl mit Todesfolge.
Hier Ausschnitt aus einem bronzenen Pfostenband am Tor des assyrischen Zentralpalastes in Nimrud, der 612 von tributverweigernden Medern zerstört wurde (Britisches Museum London).

Steuerzahler im Joch von Steuerfreien

Im persischen Reich der Achämeniden (um 700–300 v. Chr.) erreicht die Geschichte der altorientalischen Steuerzahler ihren Höhepunkt und Abschluß. Was in den vorderasiatischen und nordafrikanischen Herrschaftsgebieten vorexerziert worden war, verdichtet sich hier zu einem perfekten System der Steuerlastverteilung vom Herrenvolk auf die unterworfenen Völkerschaften.

Wie aus der Zeit des Großkönigs Darius (521–485) überliefert ist, zahlten die Perser keinerlei Abgaben.[55] Dieses Prinzip der eigenen Steuerfeiheit war durch blutige Steuerrevolten erkämpft worden. Nachhaltig wirkte der Staatsstreich des Magiers Gautama, der nicht nur den Persern, sondern auch den Medern und übrigen Provinzen Steuerfreiheit auf drei Jahre versprochen hatte und vorübergehend auf den Thron gelangt war.[56] Immer wieder brachen in dem riesigen Reich, das den größten Teil des Alten Orients umspannte, regionale Aufstände aus, die sich gegen die Ausbeutung durch das Herrenvolk richteten. Zur Beschwichtigung der belasteten Fremdvölker wurden beim Thronwechsel des Perserkönigs fällige Abgabenrückstände da und dort erlassen.[57]

Um die Aufständischen möglichst dauerhaft zu befrieden und sie als gefügige und vielleicht einsichtige Lastenträger zu gewinnen, formte Darius die unberechenbaren Tributforderungen weithin in feste, regelmäßige Provinzsteuern um. Dabei wurden verschiedene Volksstämme zu gemeinschaftlichen Steuerbezirken zusammengeschlossen: ihnen wurden je nach ihren regionalen Bodenschätzen und Erträgen bestimmte Leistungen auferlegt. Dies geschah in Gestalt von Pauschalsummen, die von den persischen Satrapen auf die Provinzbevölkerung umgelegt wurden; auf diese Weise wurde weltweit das System der „Repartitionssteuern" institutionalisiert. Die königlichen Pauschalforderungen spiegeln noch die Vielfalt altorientalischer Herrschaftsansprüche wider: Silberbarren, Goldstaub, Pferde und Korn, zu denen aus angrenzenden Gebieten „regelmäßige Geschenke" wie Elfenbeinzähne, Ebenholzstämme, Knaben und Mädchen kamen. Die Satrapen beschafften ihr Soll aus verschiedenen Einzelsteuern, durch deren Verwertung sie solche Wünsche des Königshauses erfüllen konnten. Die Hauptlast fiel naturgemäß auf die Ackerbauern und Viehzüchter, die zur Grundertrag- und Viehsteuer herangezogen wurden; Besitzlose mußten Kopfsteuern, Handwerker Gewerbesteuern, Händler Zölle und Kleinverkaufssteuern entrichten. Als Steuermaßstab taucht jetzt vermehrt der „Zehnte" auf; es sind Gerstenzehnte, Dattelzehnte, Fischzehnte, Herdenzehnte und auch Zollzehnte bezeugt.[58] So konnte es den Anschein haben, als kehrten die unterworfenen Völkerschaften in den paradiesischen Zustand der sumerischen „Zehntsteuerzahler" zurück. Doch die Kriege aller gegen alle setzten sich fort, und die Stärkeren luden die Steuerlast weiterhin auf die Schwächeren ab.

Tributträger im Perserreich

Eine Abordnung aus dem Steuerbezirk der Meder bringt dem Großkönig Goldringe und kostbare Kleidungsstücke. Solche „Ehrengaben" wurden zum Neujahrsfest zusätzlich zu den regelmäßigen Steuern entrichtet. Darius ließ die Inschrift einmeißeln: „Du Knecht! Sträube dich nicht gegen den Befehl! Ein widerspenstiger Untertan soll nicht gedeihen!" Relief an der Palasttreppe in Persepolis, aus dem sog. Tributzug des Xerxes, um 485–465 v. Chr. (Foto Prof. G. Walser, Bern).[59]

Doppelsteuerzahler in Hellas setzen sich zur Wehr

Die altorientalische Praxis der Pauschaltribute und Umlagesteuern griff in den Perserkriegen unmittelbar auf Griechenland über. Die archäologischen Funde aus der minoischen und mykenischen Kultur lassen den „Import" ägyptischer und vorderasiatischer Besteuerungsmethoden auf Hellas schon für das 2. Jahrtausend annehmen; in die Geschichtsschreibung der Griechen haben sie erstmals durch Herodot (484–425) Eingang gefunden.

Wie der „Vater der Geschichtsschreibung" berichtet, haben die Perser ihre Abgabenansprüche auf die Bewohner Europas bis herab nach Thessalien ausgedehnt.[60] Wo sie – wie in den ionischen Küstenstädten Kleinasiens – für längere Zeit Fuß faßten, legten sie Kataster für die Grundertragsteuer an und stellten die Griechen den Steuerzahlern der übrigen Satrapien gleich. Dafür wurden sie gegen die fortgesetzten Plünderungen durch rivalisierende Nachbarstädte unter rechtlichen Schutz gestellt.[61] Andererseits waren die Stadtbürger aber auch ihrer eigenen Stadtkolonie zu Diensten und Abgaben verpflichtet. Darüber hinaus konnten sie von ihren griechischen Mutterstädten als einheimische Polisbürger in Anspruch genommen werden. Die mehrfach besteuerten Kolonisten haben sich damals schon durch Steuerverträge – Frühformen von Doppelbesteuerungsabkommen – zu entlasten versucht. So ist es z.B. den Siedlern in Naupaktos am Nordufer des Korinthischen Golfs im 5. Jahrhundert v. Chr. dank gegenseitiger Vereinbarungen gelungen, von der Besteuerung durch ihre Heimatstädte ausgenommen zu werden.[62] In Kriegszeiten waren vertragliche Abmachungen freilich dem Recht des Stärkeren unterworfen, das selbst die Verbündeten nicht schonte. So hatten die Mitglieder des 477 gegründeten Attischen Seebundes zunächst angemessene und gleichmäßige Abgaben mit wechselnden Namen von „Tribut", „Zwanzigster" (= Abgabe von 5%), „Beiträgen" oder „Zehnten" zu leisten, bis sie von den siegreichen Athenern willkürlich zu erhöhten, da und dort doppelten oder dreifachen Zahlungen herangezogen wurden. Empörungen unter den „Bundessteuerzahlern" gegen die hegemoniale Bundeshauptstadt führten zu Steuerwiderständen und schließlich zum Auseinanderfallen der Bundesgenossenschaft; „denn" so lautet die Begründung bei Thukydides, „die Athener trieben die Summen streng ein."[63]

Die widerspenstigen Ortschaften, die sich gegen die schwankenden Abgabenforderungen der Athener aufzulehnen wagten, mußten unter Androhung von Waffengewalt Plünderungen über sich ergehen lassen; das erfuhren z.B. die Einwohner von Kalchedon am Bosporus, die auf diese Weise zum erneuten Tributschwur genötigt wurden.[64] Als der Eintreiber Thrasybulos an der Südküste Kleinasiens wo auch die Perser Steuern beanspruchten, aufkreuzte, wurde er, wie es Xenophen beschreibt, von der erregten Bürgerschaft „bei Nacht überfallen und in seinem Zelte erschlagen."[65]

Steuerdenkmal des Attischen Seebundes

Bruchstücke einer Inschrift über die Bundessteuern der griechischen Mitgliedsstädte, hier unter dem Namen eines „Zehnten" zu Ehren der Göttin Athena dauerhaft in Marmor gehauen. Replik einer Stele von der Akropolis in Athen, um 450 n. Chr. (Epigraphisches Museum, Athen).

ΑΝΕΣ
ΙΚΟ
ΙΦΝΙΟΙ
ΣΕΡΙΦΙΟΙ
ΚΕΙΟΙ
ΙΑΤΑΙ
ΣΥΡΙΟΙ
ΡΕΝΑΙΕΣ
ΡΥΝΧΣΕΣ
ΑLΚΙΔΕ
ΜΥΚ
ΚΥΘΙ
ΝΑΧΣ
ΑΝΔΡ
ΑΙΕΣ
ΑΝΟΚ
ΙΣΤΙΕΣ
ΜΒΡΙΟΙ
ΜΥΡ
ΤΕΣΕΠΕΜΙ ΤΕΚΑΙΔ
ΕΣΑΡΧΕ
ΕΣΕΔΡΑΜ
ΥLΟΣΕLΕΥ
ΕΝΟΤΑΜΙΑ
ΦΟΡΟΣ
ΛΙΟΣΙΡΙΤΑΙ
ΛΙΟΣΙΡΙΤΑΙΕΠΙΦΟ
ΑΣΤΥΡΕΝΟΙΜΥΣΟ
ΜΙLΕΣΙΟΙ
ΥΕΣΣΙΟΙ
ΤΕLΕΟ
ΟΙΕΠΙΦΟΡΑΣ

Zehntsteuerzahler und Zehntspender in Griechenland

In der Übergangszeit zur klassischen Antike der Griechen und Römer begegnen wir unter den Lastenträgern zunächst wieder den Zehntsteuerzahlern. Doch wird jetzt die Wandlungsfähigkeit und Mehrdeutigkeit des Zehntbegriffes (griechisch: dekate, römisch: decuma) in den Quellen deutlicher sichtbar.[66]

Als Grundform erscheint nach wie vor der Zehnte vom Ernteertrag, der im kornreichen Thessalien von den Ackerbauern als Getreidezehnt und von den Landeigentümern Athens im 6. Jh. v. Chr. als reguläre Grundertragsteuer wohl von allen Landfrüchten zu entrichten war. Doch wie schon in Vorderasien, ist mit dem Namen nicht unbedingt ein Steuersatz von 10% verbunden. Thukydides berichtet z.B., daß der Zehnt auch als „Zwanzigster", also in Höhe von nur 5% erhoben wurde, um „die Menge nicht zu bedrücken und Ärgernis zu vermeiden."[67] Ebenso konnte er nach altem Vorbild erhöht oder verdoppelt werden, wonach sich die Betroffenen bei einer Abgabe von 20% in „Fünftsteuerzahler" verwandelten.[68] Auf Delos verstand man unter Zehntzahlern die Gebäudesteuerpflichtigen, in Byzantion die Schiffszollpflichtigen und die Syrakus die Träger einer Vermögensabgabe. Alle diese Zehntablieferer, hinter denen die staatliche Zwangsgewalt stand, reihen sich in die historische Kette der regulären Steuerzahler ein.

Überlieferte Inschriften und Beschreibungstexte weisen auf eine zweite Gruppe von Zehntgebern hin, die keine erzwingbaren Steuern, sondern freiwillige Weihegaben entrichten. Ihre Leistungen sind sowohl von den Profansteuern als auch von den Tempelsteuern zu trennen. Die Zehntgeber dieser Art werden von uns „Zehntspender" genannt. Als solche präsentieren sich ruhmvolle Stadtgemeinden, Feldherren und Staatsmänner, die einer Tempelgottheit huldigten. Hierher gehört der Beutezehnt aus Feldzügen, wie er nach siegreicher Schlacht in einem Tempelbezirk hinterlegt zu werden pflegte.[69] Vielfach wurde auch der zehnte Teil öffentlicher Geldstrafen und konfiszierter Güter dargebracht. Erfolgreiche Kaufleute weihten ein Zehntel ihres Gewinnes; unter den nachgewiesenen Privatspendern sind Schiffsbauer, Töpfer, Gerber, Walker, Ausrufer, ein Lyraspieler, ein Zimmermann, eine Brotverkäuferin und eine Waschfrau vereint.[70] Die Spende erfolgte zumeist in der Weise, daß aus dem zehnten Teil des Erlöses ein prunkvolles Gefäß, ein eherner Helm oder Schild, eine Statue, eine Bildsäule oder dgl. beschafft und als Dauergabe zur Schau gestellt wurde. Stolze Stadtstaaten ließen zu diesem Zweck an berühmten Pilgerstätten wie Delphi oder Olympia eigene Zehntschatzhäuser errichten. Sie künden von einer religiös motivierten Leistungsbereitschaft, die aber allzu oft auf Steuerkosten von Besiegten und Fremden ging.

Zehntschatzhaus der Athener in Delphi

Nach der Beschreibung von Pausanias stammte das prunkvolle Gebäude aus Kriegsbeute der Athener, die Statuen aus dem Zehnten der Schlacht von Marathon aufstellten und eine Säulenhalle bauten von dem Geld, das sie im Peloponnesischen Krieg erbeuteten oder als Tribut einzogen.[71]

Selbstbesteuerung der Polisbürger und Steuerabwälzung auf Fremde

Für die Blütezeit der antiken Polis im 5./4. Jh. v. Chr. wird den Bürgern von Athen zeitweilig eine Steuerwilligkeit nachgesagt, wie sie später niemals wiederkehrte.[72] Sie bestand vorwiegend in einer Art Selbstbesteuerung durch freiwillige Übernahme von „Leiturgien", d.h. „Diensten für das Volk". So trugen begüterte Vollbürger die öffentlichen Kosten für das Theater- und Musikwesen, für die Wettkampfspiele, für Festgesandtschaften und für die Bewirtung bei staatlichen Speisungen als regelmäßig wiederkehrende Leistungen; in Not- und Kriegszeiten kamen unregelmäßige Vorauszahlungen auf eine außergewöhnliche Vermögensabgabe sowie die Lastenübernahme für Kriegsschiffe hinzu. Solche „mit Gut und Blut" erbrachten Ehrenleistungen waren von künstlerischem, religiösem und patriotischem Geist durchweht und spiegeln das bürgerliche Freiheitsbewußtsein wider, während erzwingbare direkte Steuerlasten als Zeichen der Unfreiheit galten.[73] Auch die alten Zehntsteuern entschwinden für diese Ära weithin unserem Blickfeld.

Diese Einstellung führte zur Bevorzugung der indirekten Steuern und zur Abschiebung direkter Geldsteuern auf Fremde. Bei den indirekten Steuern standen die Zölle obenan, die zuerst die Fremdhändler trafen. Es sind Ein- und Ausfuhrzölle belegt, deren Satz im allgemeinen 2% des Warenwertes betrug, aber gelegentlich auf 5%, 10% oder gar 30% ansteigen konnte; sie wurden ergänzt durch Tor- und Marktzölle sowie durch Kleinverkauf- und Versteigerungssteuern, die bei staatlichen Preisbindungen nicht auf die einheimischen Verbraucher abgewälzt werden konnten. Die zugewanderten Fremden, die als ständig Ansässige in den Stand der Metöken (= Mitbewohner ohne politische Bürgerrechte) Aufnahme fanden, mußten alljährlich eine direkte Kopfsteuer in Höhe von 12 Drachmen für den Mann und 6 Drachmen für die alleinstehende erwerbstätige Frau aufbringen. Wenn sie als Gewerbetreibende auf der Agora tätig wurden, hatten sie eine zusätzliche Fremdengewerbesteuer zu entrichten. Bei einer außerordentlichen Vermögensabgabe wurden sie stärker als die Vollbürger herangezogen. Auch scheinen ihnen bei den Leiturgien der Bürger besondere Verpflichtungen auferlegt worden zu sein. Berücksichtigt man, daß die Zahl der Metöken Athens in die Zehntausende ging und sie mit der Zeit die Seele des auswärtigen Handels und des einheimischen Gewerbes bildeten, so kam ihrer Steuerkraft und der entsprechenden Entlastung der Bürger eine erhebliche Bedeutung zu.[74]

Diese Verhältnisse in der Polis Athen offenbaren eine allgemeine Tendenz des antiken Staates: die eigentliche Steuerlast von den blutsverwandten Vollbürgern auf die Nichtbürger zu verlagern. Von der gleichen steuerpolitischen Absicht sollten in der Folgezeit vor allem die Bewohner des aufstrebenden Römerreiches betroffen werden.

Abwägen der zollpflichtigen Handelsware

Ein Händler oder Zöllner, von zwei Gehilfen unterstützt, pendelt die Schalen einer Hebelwaage aus. Nach Feststellung des Gewichtes der Ware wird ihr Gesamtwert ermittelt und mit einem prozentualen Wertzoll belegt. Schwarzfigurige Malerei an einem attischen Krug, um 500 v. Chr. (Original im Metropolitan Museum of Art, New York).

Vom römischen Bürgersteuerzahler zum Tributempfänger

Wenden wir uns den alten Römern zu, so gelangen wir in das klassische Zentrum einer weltweiten Tributherrschaft. Wie ist es dazu gekommen?

Die neuere Forschung hat die frühere Vorstellung von der Urfeindschaft zwischen verschiedenen Völkern und Stämmen, die sich nur als gegenseitige Ausbeuter gegenüber gestanden hätten, gerade am Beispiel Roms erschüttert.[75] Vielmehr ist auch hier, ähnlich wie zum Frühstadium der sumerischen Stadtstaaten gezeigt wurde, von elementaren Gemeinschaftsleistungen der einheimischen Bürger auszugehen. Der Begriff „tributum" mit der Grundbedeutung „Drittel" leitet sich von „tribuere" im Sinne von „zuteilen, schenken" ab und weist auf eine bodenständige Aufteilung gemeinsamer Lasten der Bürgerschaft hin; die Entstehung der Teilungs- oder Zahlungspflicht geht auf die Urzeit zurück, als die Gemeinde noch keine, weder freundliche noch feindliche, Beziehungen zu Fremden hatte.[76] Die ursprüngliche Bürgersteuer der Römer soll als „tributum viritim" in der Form einer gleichmäßigen Kopfsteuer erhoben worden und in eine Grundvermögensteuer übergegangen sein; dabei scheinen Abstufungen je nach der Größe des Eigentums, also nach der Leistungsfähigkeit des einzelnen, erfolgt zu sein. In geschichtlicher Zeit hat sich die Abgabe in eine Kriegsfinanzierungssteuer verwandelt, die nach erfolgreichen Feldzügen an die Bürger zurückgezahlt wurde. Für die anfänglichen Nachbarschaftskriege werden wirtschaftliche Bedürfnisse genannt, vor allem die Beschaffung von Getreide (weil die sieben Hügel Roms wenig fruchtbar waren), ferner Schutzbedürfnisse zur Herbeiführung von Bündnisverträgen, aber auch Abenteuerlust mit steigender Beute- und Eroberungssucht. Allmählich konnten die Steuerrückzahlungen mühelos aus der Kriegsbeute und aus den Kriegsentschädigungen erfolgen. Dabei wurde der Tributbegriff der ursprünglichen Bürgersteuer auf Reparationen der Besiegten und auch auf die regulären Steuerleistungen der Provinzbewohner übertragen. So sind im „Tribut" der Römerzeit verschiedene Bedeutungen vereinigt.

Im Zuge ihrer Expansion in den Mittelmeerraum gelangten die römischen Bürgersteuerzahler mehr und mehr in den Status von Beute- und Tributempfängern, die keiner eigenen Steuerleistung mehr bedurften. Die ersten großen und laufenden Tributzahlungen hatten ihnen im 3. Jahrhundert v. Chr. die Karthager zu entrichten: zuerst 3200 Talente in 10 Jahren und nach der Entscheidungsschlacht von Zama gegen Hannibal die riesige Summe von 10000 Talenten in 50 Jahren, wobei 1 Talent etwa 34 Kilo Silber entsprach. Nach weiteren enormen Tributeinnahmen aus den Makedonischen Kriegen konnte 167 v. Chr. das eigene tributum der römischen Bürger völlig abgeschafft werden. Aus solcher Verwöhnung entstand schließlich ihr Ruf „panem et cirenses" (Brot und Zirkusspiele), mit dem sie von den Cäsaren kostenlose Ernährung und Vergnügungen ohne Arbeit begehrten.[77]

Tributträger in Rom

Nach siegreichen Feldzügen wurden kostbare Beutestücke und Tributgegenstände, wie hier aus den Dakerkriegen der Jahre 101–105, im Triumphzug durch Rom geführt. Durch solche Schätze wurden die römischen Bürger von direkten Steuern befreit.
Ausschnitt aus einem Fries vom Trajansbogen in Benevent, um 113/114 n. Chr.[78]

Steuersklaven und Sklavensteuern

So wie sich die Römer über den Beute- und Tributtransfer die Steuerleistungen der Fremden zunutze machten, begannen sie auch deren Arbeitskräfte auszubeuten. Anders als im Alten Orient, wo überwiegend Fronpflichtige zu steuerartigen Arbeitsdiensten verpflichtet wurden, bevorzugte Rom – wie schon vorher Athen – die Methoden der Sklaverei. Während Fronpflichtige wie Steuerzahler – freilich oft nur in der Theorie – persönlich frei und lediglich der staatlichen Finanzgewalt untergeordnet waren, wurde der Sklave rechtlich zur unfreien „Sache" herabgewürdigt und ging in das „Eigentum" einer freien Person über.[79]

Die meisten Sklaven waren Kriegsgefangene oder waren bei Sklavenjagten unfrei geworden; doch zahlreiche ihrer Leidensgenossen waren ursprünglich nur Steuerdeliquenten. So wurde der Metöke in Athen, den man als Sklave verkaufte, wenn er die laufende Fremdensteuer nicht bezahlte, viel strenger als die sonstigen Staatsschuldner bestraft; eine Prüfung der Bürgerlisten im Jahre 445, bei der sich das Einschleichen Fremder in den steuerfreien Bürgerstand herausstellte, „endete mit dem Verkauf Tausender von Metöken in die Sklaverei."[80] Hiernach gab es eine regelrechte Steuerstrafe der Versklavung, d.h. die Degradierung von Fremdensteuerzahlern zu Steuersklaven, woraus der Fiskus einen mehrfachen Nutzen zu ziehen wußte: Die Staatssklaven wurden an private Sklavenhändler verkauft, die pro Kopf einen Kaufpreis von durchschnittlich 200 Drachmen (1 Drachme = 4,37 g Silber) zahlten, beim Verkauf ihrer „Ware" eine Verkaufsteuer von 1–2% und bei der Ausfuhr einen Exportzoll von mindestens 2% entrichten mußten; auf Sklaveneinfuhr stand ein Wertzoll von 2%. Was diese Einnahmequelle für die steuerliche Entlastung der Polisbürger bedeutete, lassen die Verhältniszahlen ahnen. In der Blütezeit Athens standen etwa 30000 Bürgern schätzungsweise 120000 Sklaven gegenüber; daneben wurden auf dem Forum und im Piräus laufend Tausende von Kaufsklaven ins Ausland vermarktet. Rom hatte um die Zeitwende vermutlich 1,5 Millionen Einwohner, von denen rund 900000 Sklaven waren. Hier ist noch eine besondere Sklavenfreilassungssteuer entwickelt worden, die den humanen Akt der Anerkennung des Persönlichkeitsrechtes belastete; sie betrug 5% vom Sklavenwert, den die Römer auf durchschnittlich 2000 Sesterzen oder 500 Denare (zu je 4,5 g Silber) festlegten. Für den Sklavenhandel als solchen wurde in Rom eine Verkaufsteuer von 4% erhoben. In manchen Provinzen wurden die Sklaven auch bei der Immobilienbesteuerung erfaßt, wonach sie als Bestandteile des beweglichen Inventars einer Art Sklavenbesitzersteuer unterlagen. Wenn nach den großen Sklavenrevolten der späten Republik (etwa seit 140 bis zum Aufstand des Spartakus mit seinen 40000 Sklavenanhängern um 70 v. Chr.) die Massenversklavungen auch zurückgingen, blieben die Sklaven doch weiterhin begehrte Objekte der Steuerpolitik.

Sklavenhandel in der Antike

Der nackte Mann ist ein Sklave, der auf dem Podest zum Verkauf angeboten wird. Links bewegt sich der Verkäufer (ein Grieche mit Chiton und Chlamys) auf ihn zu und preist ihn an; rechts streckt der Käufer (ein Römer, mit der Toga bekleidet) seine Hand nach ihm aus. Der Handel unterlag einer besonderen Sklavenverkaufsteuer.
Relief an einer Grabstelle in Capua, um 50 v. Chr. (Museum Capua).

Steuerrebellen in den römischen Provinzen

Mit dem Ausbau der römischen Provinzverwaltung wurden anfängliche Unterwerfungstribute durch Provinzsteuern abgelöst. Die „peregrini" (= Fremden) mußten teilweise ihre herkömmlichen Regional- und Lokalsteuern – wie in Sizilien die alten Zehntabgaben – nunmehr zugunsten Roms entrichten, oder sie wurden zu neuen Steuern herangezogen; in der Regel mußten sie das tributum soli (eine am Grundstücksertrag ausgerichtete Bodensteuer) und das tributum capitis (eine Personensteuer in der Form einer Kopfsteuer, gemischt mit einer Gewerbesteuer) als laufende Jahressteuern abliefern. Beides geschah unter der Oberleitung römischer Statthalter, die unter militärischem Schutz die profitgierigen „publicani" (= Zoll- und Steuerpächter) aus dem römischen Ritterstand einsetzten.[81]

Was an Nachrichten über Aufstandsbewegungen in die Schriftquellen eingesickert ist, läßt auf vielfältige Steuerrebellionen schließen. In diesem Sinne sind die Erhebungen der Keltiberer und Lusitaner in Hispania zu verstehen, denen im 2. Jh. v. Chr. mit brutalen Methoden Geld und Naturalien abgepreßt wurden. Die Ablehnung römischen Steuerjochs und wirtschaftlicher Ausbeutung führte im 1. Jh. v. Chr. in Kleinasien zur Liquidation von über 80 000 römischen Steuerpächtern und Kaufleuten. Wiederholte Revolten in Gallien gegen Cäsar und Augustus, die dort mit Volkszählungen und Bodenvermessungen begannen, waren gegen die römische Steuerhoheit gerichtet.[82] Mit seinem Namen bekannt geworden ist der Steuerrebell Judas aus Galama, der im Jahre 6 n. Chr. das jüdische Volk zum offenen Widerstand gegen den Zensus des römischen Legaten Quirinius aufwiegelte und viele Anhänger gewann.[83] Es handelte sich um die berühmte Steuerschätzung unter Kaiser Augustus, von der die Weihnachtserzählung des Lukasevangelium ausgeht.[84] Danach haben sich Josef und Maria an ihren Meldeort Bethlehem begeben, um dem kaiserlichen Steuergebot Folge zu leisten.[85] Kurz darauf begann in Germanien die Erhebung des Arminius, die in der neueren Forschung als das typische Beispiel einer Steuerrevolte in einer jungen Provinz gedeutet wird.[86]

Nach Tacitus hat der Cheruskerfürst den umwohnenden Germanenstämmen den drohenden Steuerzwang drastisch vor Augen geführt.[87] Cassios Dio berichtet, daß Varus den Germanen Vorschriften wie Knechten gab, und als er „nun gar Steuern von ihnen wie von Untertanen eintreiben wollte, da war ihre Geduld zu Ende".[88] Weitere Revolten folgten 21 n. Chr. bei den linksrheinischen Treverern und Häduern, deren Rädelsführer „aufrührerische Reden über die ununterbrochene Fortdauer der Besteuerung" führten.[89] Als die Römer 28 n. Chr. den Friesen übermäßige Abgaben aufbürdeten, wurden „die zur Tributerhebung anwesenden Soldaten überfallen und an den Galgen gehängt".[90]

„Steuermünzen" der Römerzeit

Münze von C. Julius Caesar nach Erringung der Finanzhoheit über die Gallier. Unter der Siegestrophäe mit gallischem Schild und Kriegstrompete hockt ein gefesselter Gallier, der mit Versklavung oder römischer Besteuerung rechnen muß. Silberdenar, um 48/47 v. Chr.

Münze des Kaisers Domitian, der im Germanenfeldzug gegen die Chatten die römische Provinzial- und Steuerverwaltung über den Rhein bis zum Taunus und Neckar vorschob. Zwischen der Umschrift „Germania Capta" die trauernd sitzende Germania und ein gefesselt stehender Germane, dazwischen eine Trophäe mit Schilden, am Boden einige Waffen. S C bedeutet: senatus consultus (= auf Senatsbeschluß). Sesterz, Messing, Rom, 85 n. Chr. (Staatliche Münzsammlung München).[91]

Steuergehorsame Christen als Märtyrer

Wie Tacitus berichtet, soll Kaiser Tiberius im Laufe seiner Amtszeit (14–37 n. Chr.) noch dafür gesorgt haben, „daß die Provinzen nicht durch neue Steuerlasten beunruhigt wurden und daß sie die alten tragen konnten". Das war um die Zeit, als Jesus in der Provinz Judäa zur Kaisersteuer befragt und kurz darauf – in Übereinstimmung mit den Annalen des Tacitus – „unter Tiberius durch den Prokurator Pontius Pilatus hingerichtet" wurde.[92] Wie wir an anderer Stelle dargelegt haben, bestand zwischen der pharisäischen Fangfrage: „Ist es erlaubt, dem Kaiser Steuer zu zahlen?" und der Kreuzigung Jesu, dem die Ankläger auch Aufwiegelung zum Steuerwiderstand vorwarfen, ein enger Zusammenhang.[93]

Jesu berühmte Doppelantwort „Gebt dem Kaiser, was dem Kaiser gehört, und Gott, was Gott gehört!" und seine eigene Zahlungsbereitschaft als Steuerpflichtiger[94] hatten unter den ersten Christen eine ungeheuere Wirkung. Der Völkerapostel Paulus leitete daraus die allgemeine Pflicht zum Steuergehorsam ab: „Gebt allen, was ihr schuldig seid, sei es Steuer oder Zoll, sei es Furcht oder Ehre."[95] Nur vordergründig scheint der zweite Imperativ Jesu darauf hinauszulaufen, Opfergaben, Zehnt, Tempel- oder Kirchensteuern zu entrichten; nach seiner Gesamtlehre ging es um eine viel tiefere Dimension: um die Umkehr, die Hingabe des ganzen Menschen an Gott. Die loyale Haltung der Christen zur weltlichen Steuergewalt erfolgte nicht aus politischem Konservatismus oder Opportunismus, sondern im Blick auf den inneren Frieden, die äußere Mission und die Hoffnung auf das kommende Gottesreich.[96] Für den Konfliktfall hatten Petrus und die Apostel auf den übergeordneten Leitsatz verwiesen: „Man muß Gott mehr gehorchen als den Menschen."[97] Als im Jahre 96 führende Christen aus Judäa zum Verhör nach Rom gebracht wurden, betonten sie vor Kaiser Domitian, daß sie durchaus die Steuern seines Reiches bezahlten, darüber hinaus aber dem Reich Christi dienten.[98] Die Lage spitzte sich zu, als die Christen den Kaiser als Gott verehren und ihm durch Opfer huldigen sollten. Von Justin dem Märtyrer ist ein Brief an Kaiser Antonius Pius (138–161) mit den Sätzen überliefert: „Abgaben und Steuern suchen wir überall vor allen anderen euren Beamten zu entrichten, wie wir von ihm (Jesus) angeleitet worden sind. Darum beten wir zwar Gott allein an, euch aber leisten wir im übrigen freudigen Gehorsam."[99] Als er sich weigerte, vor dem Kaiserbild zu opfern, wurde er mit sechs Gefährten enthauptet.[100] Von einer anderen Christengruppe ist eine Verhandlungsniederschrift des Jahres 180 aus der Regierungszeit des Kaisers Commodus erhalten, die sinngemäß folgende Aussage enthält: „Steuerbetrug habe ich nicht begangen, sondern bezahle bei jedem Besteuerungsfall die schuldige Steuer . . . Ehre dem Kaiser als dem Kaiser, Furcht aber Gott!" Das Protokoll führt zwölf Enthauptete mit Namen auf, die dem Kaiser wohl als Steuerherrn, doch nicht als angemaßte Gottheit gehorsam waren.[101]

Huldigungsszene in den frühchristlichen Katakomben

Die religiöse Huldigung, die mit materiellen Gaben verbunden sein konnte, gewährten die frühen Christen nicht dem römischen Imperator, sondern ihrem Heiland. Hier die älteste bekannte Darstellung der Magier („Drei Könige") aus der Weihnachtserzählung des Matthäusevangeliums, die beschwingten Schrittes ihre Schätze nicht dem Kaiser, sondern dem Gotteskind in den Armen Marias bringen; rechts deutet der Prophet Bileam auf den vorausgesagten Stern der Erlösung hin. Das beliebte Huldigungsmotiv findet sich auf mehreren Sarkophagen und in kostbaren Glas- und Elfenbeinarbeiten der frühen Christenheit.
Freskendekoration in der Priscillakatakombe zu Rom, um 170 n. Chr. (Vatikanische Museen).[102]

Von Steuerflüchtlingen zu Leibeigenen

Unter den Parolen der Pax Romana (römischer Friede) und der Salus publica (öffentliches Wohl) sind in der römischen Kaiserzeit bedeutende kulturelle Schöpfungen entstanden, hinter denen sich die Leistungen staatsbejahender Steuerzahler verbergen. Wiederholte Steuerreformen haben die Steuerlast für die Provinzialen zeitweilig durchaus erträglich gemacht und zuletzt auch die römischen Vollbürger in die direkte Besteuerung einbezogen. Doch in der absoluten Monarchie der Spätantike stiegen die Lasten und mit ihnen die Klagen wieder sprunghaft an.[103]

Diocletians verschärfende Steuerreform vom Jahre 297 führte für den ländlichen Grundbesitz eine neue Steuereinheit ein, die sich nicht mehr wie die früheren Zehnten oder Bodensteuern nach dem wechselnden Ertrag richtete, sondern nach konstanten Größen wie Lage, Zahl der Bäume, Weinstöcke, Menschen und Tiere. Die Landleute mußten feste Steuerbeträge aufbringen, ohne Rücksicht auf gute oder schlechte Ernten. Hatte die frühere Bodenertragsteuer da und dort 10%, 25% oder 33⅓% vom Rohertrag ausgemacht, so konnte jetzt das Fixum auf das Doppelte oder Dreifache ansteigen. Der Zeitgenosse Lactantius urteilte: „Die Mittel der Bauern waren infolge der unmenschlichen Belastung durch die vielen Steuern erschöpft, die Felder wurden aufgegeben, und der bewirtschaftete Boden wurde wieder Ödland."[104] Die Freigabe der Felder bedeutete Steuerflucht. Davon machten vor allem die zahlreichen Kolonen Gebrauch, die neben der hohen Steuer an den Staat gewöhnlich noch 50% des Ertrages als Pachtsumme an die Großgrundbesitzer abliefern mußten.

Die Kolonen waren früher freie Landpächter gewesen, die fortziehen konnten, wenn ihre Pachtzeit ablief. Doch als sie massenhaft Steuerflüchtlinge zu werden drohten, wurde ihre Freizügigkeit rigoros abgebaut. Kaiser Konstantin erklärte es 332 für Rechtens, flüchtige Kolonen in Sklavenketten zu legen.[105] Um 375 wurde angeordnet, daß die Grundherren die Steuern einziehen sollten, die von ihren registrierten Pächtern fällig waren.[106] Kaiser Theodosius I. besiegelte um 395 das Schicksal der Kolonen wie folgt: „Sie sollen auf Grund ihrer Herkunft gebunden sein, obgleich sie dem gesellschaftlichen Rang nach frei geboren scheinen, doch als Sklaven derjenigen Ländereien angesehen werden, auf denen sie geboren wurden."[107] Mit der endgültigen Bindung der Kolonen an die Scholle wurden sie in einen sklavenähnlichen Status herabgedrückt, aus dem sie und ihre Abkömmlinge sich grundsätzlich nicht mehr befreien konnten. Viele schlossen sich den Bauernrebellionen an, die im 4. und 5. Jht. die angeschlagene Finanzwirtschaft des Staates in zusätzliche Bedrängnis brachten und mit zum Untergang Roms beitrugen.[108] So wurden ehemals freie Steuerzahler in ein Heer von Leibeigenen verwandelt. Das war die folgenschwerste Hypothek, die von der Steuerpolitik der Spätantike dem abendländischen Mittelalter hinterlassen wurde.

Germanen in Ketten – Schicksal von Gefangenen, Sklaven und späteren Kolonen

Kaiser Konstantin erklärte es 322 n. Chr. für Rechtens, steuerflüchtige Kolonen, „wie Sklaven in Ketten zu legen, damit sie durch eine Sklavenstrafe gezwungen werden, die Pflichten auszuführen, die ihnen als Freien zukommen".
Reliefplatte an der sog. Praetoriumsschranke des Mainzer Legionslagers, 1. Jht. n. Chr. (Mittelrheinisches Landesmuseum, Mainz).

II

Mittelalter

um 500 bis 1500 n. Chr.

Steuerpflichtige Erdenbürger und Gottespilger

Zwischen Altertum und Neuzeit finden wir die Abgabenpflichtigen in die engen Wechselbeziehungen zwischen weltlicher und geistlicher Gewalt abendländischer Prägung eingebunden. Es wäre irreführend, zu meinen, es hätte während jenes Jahrtausends so etwas wie ein „christliches Abendland" gegeben; denn die reale Welt war sowohl im profanen als auch im sakralen Bereich voller Absonderheiten und Grausamkeiten, die wir heute als unchristlich erkennen. Auch die Steuerzahler wurden in weltlich-kirchliche Geschehnisse verwickelt, die uns Menschen von heute nur schwer verständlich sind.

Dennoch gibt es viele Zeugnisse, die den damaligen „Erdenbürger und Gottespilger" in seiner Eigenschaft als Steuerzahler nach der christlichen Lehre des Neuen Testamentes zu orientieren trachteten. Ein frühes Beispiel ist das altsächsische Evangelienepos „Heliand", das unter Kaiser Ludwig dem Frommen um 830 entstand und die biblischen Ereignisse in das Reich Karls des Großen (768–814) verlegte.[109] Darin erscheint ein „hoher Botschafter des edlen Kaisers, zu mahnen dort der Männer jeden an die Kopfsteuer, die für jeden Kopf bestimmt war zu zahlen." Seine bibelgerechte Mahnung an „jeden", d.h. an die Allgemeinheit ohne privilegierte Ausnahmen, hat Erfolg: „Es zögert niemand von den Recken im Gau, sondern sie entgelten es rasch aus der Menge der Schätze." Selbst der „waltende Christus" gibt die geforderte Münze, „und so weiß ein jeder, daß er williglich soll seinem weltlichen Herrn Schuld und Schatz, die ihm beschieden sind, geziemend zahlen." Auf die Frage, ob es denn Rechtens sei, dem Kaiser Steuern zu zahlen, läßt der unbekannte Verfasser des Heliand Christus als den „Rechtskünder" im Blick auf eine Kaisermünze sagen:

„Gebt dem Weltkaiser das Seine an Steuer,
und dem waltenden Gott nicht versagt, was sein ist:
Ihm müßt eure Seele ihr, euren Geist geben."

Im hohen Mittelalter formulierte Eike von Repkow im Landrechtsbuch des Sachsenspiegels dieses Zitat sinngemäß so: Laßt den Kaiser über sein Bild auf der Steuermünze Gewalt haben, aber den Menschen als Ebenbild Gottes müßt ihr Gott überlassen.

Nach dieser Kunde waren die Menschen in Steuersachen dem weltlichen Oberherrn und in Glaubenssachen dem waltenden Gott der Lehre Christi unterstellt. In dieser Doppelrolle sollten sie teilnehmen am Glanz und am Elend der sich vielfach ergänzenden und sich oft heftig bekämpfenden Finanzgewalten von Reich und Kirche.

„Sollen wir Steuern zahlen oder nicht?"

Bei dieser Frage aus dem Markusevangelium (12,14), die von der Gestalt mit der Kaisermünze in der erhobenen Hand (links) gestellt wird, verweist Jesus in der Mitte auf den rechts thronenden Kaiser, der mit der Weltkugel die irdische Steuergewalt verkörpert. Nach dem Sachsenspiegel hat der Kaiser seine Gewalt im Geiste des „Rechts" auszuüben, das in Gott gegründet gedacht wird und mit Gerechtigkeit identisch sein soll; denn, so betont Eike von Repkow (um 1220–1235): „got is selve recht" (Gott ist selber Recht).
Zeichnung aus der Heidelberger Bilderhandschrift des Sachsenspiegels, entstanden um 1330 (Universitätsbibliothek Heidelberg).

Die „Großen" entrichten Jahresgaben

Eine der frühesten Steuerspuren des Abendlandes sind die in fränkischen Schriftquellen auftauchenden „annua dona" oder „dona annualia", d.h. Jahresgaben oder jährliche Geschenke, die dem König oder Kaiser für seine Regierungsaufgaben ausgehändigt wurden. Wie schon im Altertum, war der Ausdruck „Gaben" oder „Geschenke" zugleich Oberbegriff für „Steuern". Sie wurden von Zeitgenossen den römischrechtlichen „vectigalia" (Steuern) gleichgesetzt, den „dona privata" (Privatgeschenke) gegenübergestellt und zu den „servitia ad partem publicam" (= den öffentlichen Dienstleistungen) gerechnet.[110]

Anfänglich oft freiwillig entrichtet, wurden solche Leistungen vom König und Kaiser immer eindeutiger erwartet und schließlich als regelmäßig wiederkehrende Pflichtabgaben wie Jahressteuern gefordert. Dem Ursprung nach scheinen sie mit den Ehrengaben verwandt zu sein, die germanische Stammesangehörige aus ihrem Viehbestand und Ernteertrag an den fürstlichen Haushalt abtraten.[111] Im frühen Mittelalter auf dem jährlichen März- oder Maifeld zunächst in wertvollen Naturalien wie Pferden, Edelmetallen, Geschmeide und kostbaren Gefäßen für den Königsschatz entgegengenommen, wurden die Jahresgaben dann auf den großen Reichtstagen in Münzgeld eingesammelt. Dem Grunde nach zur Zwangsabgabe geworden, blieb die Höhe der Steuerleistung vermutlich längere Zeit der Selbsteinschätzung überlassen, bis allmählich festbestimmte Beträge verlangt wurden.

Träger dieser Abgabenlast waren vordergründig die „majores et potentiores homines", also die „größeren und mächtigeren Menschen" wie Herzöge, Grafen, Bischöfe, Äbte, Kron- und Untervasallen. Auf diese Weise gehörten die weltlichen und geistlichen Vertreter der Reichsaristokratie, die daneben noch Königsdienste und vor allen Heeresgefolgschaft zu leisten hatten, zu den potentiellen „Steuerzahlern" des Mittelalters. Freilich ist zu berücksichtigen, daß sie ihre Jahresgaben erst einmal „erwirtschaften" mußten, was weithin wohl auf dem beliebten Wege der Umlegung auf „Untersteuerzahler" geschah.[112] Der empfangende Herrscher war dafür zu ihrem Schutz und Schirm verpflichtet. Nach dem Mainzer Krönungsordo von 961 wurde dem Kaiser von den Großen das Gelöbnis abverlangt, daß „du Gottes heilige Kirche und ihre Getreuen als Vorkämpfer schirmest und schützest"; in zeitbedingter Verkennung der Lehre Christi, die sich auf die Kraft der Gottes- und Nächstenliebe stützt, wurde hinzugefügt, daß „du Falschgläubige wie Feinde des christlichen Namens verfluchest und vernichtest".[113] Hier kündigte sich schon der Geist der Kreuzzug- und Ketzersteuern an, die die Jahresabgaben verdrängten und in Reichskriegssteuern oder Matrikularbeiträge übergingen.

Huldigungsgaben für den Kaiser des Abendlandes

Symbolfiguren der huldigenden Provinzen des Heiligen Römisch-Deutschen Reiches: Roma, Gallia, Germania und Slavinia überbringen dem Kaiser kostbare „Jahresgaben". Das Bild erinnert an Darstellungen von Tributträgern des Altertums.
Miniatur der Reichenauer Malschule, wahrscheinlich aus dem Evangeliar Ottos III., entstanden um 998 n. Chr. (Bayer. Staatsbibliothek München).

Die Christen unter reichsrechtlicher Zehntpflicht

Seit Karl dem Großen finden wir das abendländische Christenvolk unter gemeinsamer Abgabenlast vereint: dem neuverordneten Zehnten zugunsten der Kirche. Die Verpflichtung gründet sich auf ein Reichsgesetz vom Jahre 779 mit dem lapidaren Artikel 7: „De decimo, ut unusquisque suam decimam donet...", d.h. „Vom Zehnten, auf daß jedermann seinen Zehnten gebe..."[114] Zum erstenmal taucht hier eine reichsrechtliche Steuerpflicht für „jedermann" auf, bezeugt also eine „allgemeine" Besteuerung, die theoretisch ohne Rücksicht auf Name und Rang von den Großen wie vom kleinen Mann zu entrichten war. Wer säkularisierte Kirchengüter innehatte, mußte davon zusätzlich eine „nona" (= den „Neunten") in Höhe eines weiteren Zehntels, zusammen also ein Fünftel abliefern.

Im Urchristentum waren die Gläubigen von der alttestamentlichen Zehntpflicht entbunden, weil Jesus im Neuen Testament keine Zwangsabgaben gefordert hat und die echten Christen freiwillig mehr als die Juden herzugeben bereit waren. Im 6. und 7. Jht. hatten die abendländischen Kirchenvertreter wieder auf alttestamentliche Gebräuche zurückgegriffen, worauf die Zehnthingabe zum kirchenrechtlichen Gebot erklärt und schon von Karls Vater, dem König Pippin d.J. (751–768), unterstützt worden war. Alsdann wurden Schritt für Schritt alle Gläubigen und Zwangsbekehrten vom Karolingerreich bis zu den Nordgermanen und Westslaven in die Zehntpflicht einbezogen.

Betroffen waren grundsätzlich alle Einkommensbezieher. Handwerker und Händler unterlagen an sich dem „Personalzehnt", der den zehnten Teil ihrer Produktion erfassen sollte; markante Spuren davon sind bei der vorherrschenden Fronhofwirtschaft (mit Eigenversorgung) nicht hinterlassen worden. Die Hauptlast lag offensichtlich bei der Landbevölkerung, die den „Realzehnt" zu tragen hatte. Das war einerseits der „Fruchtzehnt" aus Acker- und Gartenbau, andererseits der „Blutzehnt" vom Groß- und Kleinvieh und von den tierischen Erzeugnissen wie Milch, Wolle oder Honig. Im einzelnen haben sich unterschiedliche örtliche Gewohnheiten entwickelt. Welchen Stand die Zehntgewohnheiten bis zum hohen Mittelalter erreichten, veranschaulichen die Bilderhandschriften zum Sachsenspiegel. Der abgebildete Ausschnitt behandelt von oben nach unten folgendes Brauchtum: 1) Jede Hofstelle hat am St. Martinstag den Huhnzehnt zu entrichten. 2) Auf dem Felde gibt man die zehnte Garbe. 3) Beim Kornzehnt soll das Seil, mit dem die Garbe gebunden ist, zwischen den beiden Knoten eine Länge von einer Daumenelle haben. 4) Auch von Bienen (hier in den Bienenkästen) ist der Zehnte zu geben. 5) Ebenso gibt man den Zehnten von allerhand anderen Tieren wie Fohlen, Maultier, Kalb, Schaf und Ferkel.

Zur Zehntpflicht nach dem Sachsenspiegel

Zeichnungen zum sächsischen Landrecht, das um 1230 aufgezeichnet wurde. Das Blatt stammt aus der Wolfenbütteler Bilderhandschrift, die zwischen 1350 und 1375 entstanden ist.[115]

nne gewisse wirt· Idich es ires gib̄ man
zende sinnd͛ hvnre· idichen hof· vñ vnorte
vñ iſlich hus vor zendir mā ī͛ eine hv
ne an sente mertins tage Wo mā rechtē
zendē uf dē velde gipt· da sal mā gebē das
zende schog gliche gut den anderē· od͛ di zē
de garbe· Wen ein mā sin korn in vure
wil· das sal he kūdigē dem zendēn ab he in
dē dorfe od͛ uf dē velde si· vñ wart he dēne des
zendēn nicht d͛ mā vor zende im setze alse he
sinē eit das an bewarte ab mā dē haldē wil· vñ
bewisen zwen sinē gebure· vñ lase en da v͛
se sten· so blib͛ hes ane schadē ab he sider ger
gert wirt od͛ vorlorn· Mā gibt an manchē
endē bescheidene schog zu zendē vō d͛ hune·
vñ ein lam vō d͛ schafherte di in eine hof get·
Wo mā korn zendē gibt da sal das seil da di
garbe inne gebūdē is ein dum eln lang sin
zwischen den zwen knotē wen das seil ge
recht is niwinterkorne Wer dē zendē noch
recht gewonheit gibt d͛ hat en wol gegeben·
Von bynen abir vñ vō allerhande vie nimt
d͛ zendēn sinē zendē ab hes bete wil vō iare
zu iare· bis das he im geburt vō dem huse
da mā en vō gebē sal· vñ en wil hes ab nich͛
betē· so sal mā im gebē das im alle iar geburt
Von ielichē volne vñ mule einē phennig
vō deme kalbe· vñ eselē· vñ zigē· vñ schaf· vñ
verkele einē hallē phēnig· ab ir vunfe is
od͛ minre· is ir ab͛ sechse· od͛ me so nimt ir d͛
zendēn eins zu losene· Das sechste ī͛ zwē
phēnigē· Das sibende ī͛ and͛ hallerne· Das ach
te ī͛ eine phēnige· Das nunde ī͛ eine hallē·

Zehntholden und Zehntverweigerer

Wie sich Zehntpflichtige verhalten sollten, das deutet ihre allmähliche Benennung als „Zehntholden" an: geneigt, abwärts sich neigend, von holder Gesinnung gegenüber dem Zehntherrn. Abraham wurde Gottes „erster Holde" genannt[116]; er hatte nach biblischer Überlieferung dem Priesterkönig Melchisedek als erster den „Zehnten von allem" gegeben (Genesis 14,20). Der alttestamentliche Weisheitslehrer Jesus Sirach hatte ermahnt: „Weihe deinen Zehnten mit Freude!" (Jesus Sirach 35,11). Eine daran anknüpfende Anleitung zum Zehntrecht begann mit dem Spruch: „Was du giebest, das gieb gerne, und heilige deinen Zehend fröhlich."[117] Zur Erreichung dieser Stimmung wurden zum Ablieferungstermin da und dort die Glocken geläutet und die Holden durch Musik und Tanz erheitert, vom Empfänger auch Mahlzeiten und Getränke gereicht. Aus alten Weistümern folgerte Jacob Grimm, daß die früheren Lasten durch Gefälligkeiten „gemildert" worden seien und noch keinen „schwereren Charakter" gehabt hätten.[118] Dies wird für verschiedene Zeiten und Gegenden zugetroffen haben, war doch der nominelle „Zehnte" in seiner Höhe sehr variabel und konnte nicht nur nach oben auf 20% und darüber klettern, sondern auch nach unten abfallen bis auf 1%.[119]

Dennoch dürften die Zehntabgaben als die bedeutendste Steuer der abendländischen Wirtschaftsentwicklung für die Masse der Landbevölkerung eine gewaltige Last gewesen sein, die, auf die Monate verteilt, mehr als ein Monatseinkommen verschlang.[120] Was den guten alten Zehnten besonders drückend machte, war seine Berechnung nach dem Bruttoertrag; die Unkosten für Saat, Anbau, Löhne und Betrieb wurden nicht berücksichtigt, so daß nach heutigen Maßstäben eine Steuerlast von etwa 50% des Nettoertrages keine Seltenheit gewesen sein dürfte. Ja, in schlechten Wirtschaftsjahren (wie bei kriegerischen Beschlagnahmungen, bei Hagelschlag oder Dürre) konnte der ganze Reinertrag an den Zehntherrn fallen.

Hiernach traten schon aus wirtschaftlichen Gründen weithin Widerstände gegen die Zehnterhebung auf. Heftiger waren die anfänglichen Abwehrversuche aus religiösen und politischen Gründen. Die Sachsen begehrten offenbar derart auf, daß für sie verschärfte Zehntvorschriften erlassen werden mußten, verbunden mit rituellen Pflichten und harten Strafandrohungen – bis zur Todesstrafe.[121] Das widerspenstige Volk der Holsten im Norden plante sogar, die zugewanderten Zehntwilligen umzubringen, die Landschaft niederzubrennen und zu den Dänen hinüber zu flüchten.[122] Doch begann sich hier wie dort das Zehntrecht der staatlich geförderten Kirchen und aufblühenden Klöster bald zügig durchzusetzen. Von den abendländischen Missionszentren aus entfaltete sich eine neue Kultur mit verheißungsvollen Sakralstätten, Kunstschätzen, Klostergründungen, Bildungseinrichtungen, Seelsorge, Krankenpflege und Armenfürsorge, wonach der Kirchenzehnt, für sich betrachtet, lange Zeit wohl als berechtigt hingenommen wurde.[124]

Mönch mit einem Zehntholden

Von einem Mönch geleitet, bringt ein Bauer ein Faß mit dem Weinzehnt und einen Korb mit dem Käsezehnt zur Ablieferungsstelle ins Kloster. Je nach örtlicher Gewohnheit war der Zehnt eine Bring- oder Holschuld. Holzschnitt aus Straßburg, um 1522.

Von Wehrpflichtigen und Kriegsdienstverweigerern zu Ersatzsteuerzahlern

Jeder wehrfähige freie Mann war von den alten Stammesrechten her auch im Mittelalter grundsätzlich zum Heeresdienst verpflichtet. Diese einschneidende Personallast kam wirtschaftlich den damaligen Frondiensten und Naturalabgaben gleich, die ihrem Wesen nach den Steuerleistungen zuzurechnen sind. Im Falle der Nichtleistung wurden Ausgleichsabgaben verlangt, die zu den sichtbarsten Schrittmachern der Geldsteuern gehören.

Die Naturallast bestand in der Pflicht zu weitgehender Selbstausrüstung und Selbstverpflegung.[125] Nach den karolingischen Reichsvorschriften, die in den verschiedenen Machtbereichen des Abendlandes temporäre und regionale Abwandlungen erfuhren, mußte jeder Aufgebotene Waffen und Kleider für ein halbes Jahr sowie Lebensmittel für drei Monate mitbringen, und zwar für den eigentlichen Feldzug, der von einer bestimmten Marschgrenze an (z. B. den Pyrenäen beim Feldzug nach Spanien oder der Elbe beim Vorrücken gegen die Slaven) ausging; der Anmarsch dorthin bedurfte zusätzlicher Vorräte aus eigenen Mitteln. Die erforderlichen Packwagen, Tragtiere und Knechte mußte der Wehrpflichtige selbst stellen. Angesichts dieser schweren Belastung wurden Leistungstarife nach der Größe des jeweiligen Grundbesitzes aufgestellt, wonach die kleineren Landleute statt der eigenen Teilnahme am Feldzug eine Teilausrüstung oder eine „Beisteuer" (adiutorium) zur Vollausrüstung benachbarter Grundbesitzer zu leisten hatten.

Nicht wenige wehrfähige und durchaus begüterte Grundherren haben sich oder ihre Mitverpflichteten den häufigen Heeresaufgeboten verweigert. Je nach dem Einfluß ihrer Position konnten sie sich davon durch „Heerbannbußen" (heribani), die zunächst als Strafen angedroht waren, loskaufen; auch dafür gab es gestaffelte Abgabensätze, die je nach Vermögensverhältnissen zwischen 5 Silberschillingen und 3 Pfund Silbergeld schwankten. Es sind betrügerische Umgehungsversuche vorgekommen, die mit einem solchen Ersatzgeld bedacht und im Wiederholungsfalle mit dem Königsbann belegt wurden.[126] Schon im 9. Jahrhundert bestand da und dort für freie Hintersassen die Wahlmöglichkeit, für die Heerfahrt entweder „einen Wagen oder 6 Rinder zu liefern oder in Silber 78 Schillinge zu zahlen", und zwar jedes Jahr. Hier deutet sich bereits die Verwandlung in eine laufende Jahresgeldsteuer an. In den Quellen des hohen Mittelalters ist dann mehr und mehr von regulären „Heeressteuern" (herstura) die Rede, die nach regionalen Rechtsordnungen auch von „Dienstmannen" (ministeriales) als Ersatzsteuern in Geld entrichtet werden konnten.[127]

Ersatzsteuerpflichtige Damen

Rechts ein mit dem Symbol der Herrschaftskrone ausgestatteter Mann, der zum Heeresaufgebot ruft. In der Mitte wehren Witwen und junge Frauen die Heeresfolge für sich (und vielleicht auch für ihre Männer) ab. Sie entrichten dafür an den gerüsteten Ritter links eine Ersatzsteuer in Geld (hier 7 kreisrunde Münzen). Aus der Dresdener Bilderhandschrift des Sachsenspiegels, um 1350.

Von Geplünderten zu geschützten Steuerzahlern

Die christianisierten Bewohner des Abendlandes mußten nach dem Zerfall des Karolingerreiches eine bittere Erfahrung machen: Mit der Zersplitterung der Militär- und Steuergewalt des Reiches zerbröckelte auch ihr persönlicher Schutz. Die anarchischen Zustände ausnützend, drangen Normannen aus dem Norden, Mauren vom Südwesten, Sarazenen vom Süden und Ungarn vom Südosten ein, die aus vormals Dienst- und Steuerpflichtigen jetzt Ausgeplünderte machten und unzählige als Sklaven verschleppten.

Die Eindringlinge ließen sich vielfach Pauschaltribute zahlen, die wie im Altertum auf die verbleibende Bevölkerung umgelegt wurden. Daraus entwickelten sich in der Zeit der Normannenstürme des 9. Jahrhunderts innerhalb der belasteten Landschaften oder Städte direkte Schutzsteuern zum Loskauf vor weiteren Übergriffen. Ähnlich wie bei der Heersteuer waren Geldbeträge abzuliefern, die teilweise bereits „von jedem einzelnen nach seiner Leistungsfähigkeit" zu entrichten waren.[128] Wo die Normannen – wie in England, in der Normandie, in Süditalien und in Rußland – seßhaft wurden, nahmen sie die Einheimischen in direkte Steuerpflicht. Ein Paradebeispiel dafür ist das anglo-normannische „Danegeld", das aus Tributen an die Dänen zur regulären Grund- und Vermögensteuer ausgebildet und in königliches Silbergeld umgemünzt wurde. Ähnlich wurde in Altrußland der Silbertribut an die Goldene Horde (Mongolenherrschaft v. 13.–15. Jht.) allmählich in direkte Steuern umgewandelt. Aus willkürlich Geplünderten wurden Unterworfene, die im Rahmen des damaligen Rechtsdenkens den Status geschützter Steuerzahler erlangten.

Statt sich der Gefahr einer Ausplünderung durch Raubritter auszusetzen, war man wohl lieber zu geregelten Geldabgaben bereit. Nach einer Urkunde der Grafschaft Forez an der Loire von 1265 sollten einem Herrschaftsträger, meist vertreten durch Burg- oder Schirmvögte, Schirmgelder gewährt werden, „damit er die Leute vor jedem schütze, der sie angreift".[129] Derartige Geldleistungen sind in die bekannteste direkte Steuer des Abendlandes eingegangen, die unter Namen wie petitio, prière oder bede („bitte" als Gebot, „Vogtgeld" u. dgl.) vom Ende des 10. Jahrhunderts an – zuerst wohl in der Bretagne – die Masse der Schutzsuchenden erreichte. Anfänglich einen außerordentlichen Bedarf des Schutzgebers unterstützend, wurden die Schutzbefohlenen vom 12. Jahrhundert an immer regelmäßiger und schließlich alljährlich zur ordentlichen Steuer „gebeten". Gewöhnlich wurde ein bestimmter Betrag festgesetzt, der meist nach Kopfzahl, Grundstücksfläche und Viehbestand grob eingeschätzt, da und dort auch der Selbsteinschätzung überlassen wurde.[130] Die Höhe scheint „nicht erdrückend" gewesen zu sein; der Lastendruck entstand durch das Zusammentreffen der fortbestehenden Zehntabgaben mit den vielfältigen Leistungen feudaler Art.

Danegeld-Steuer in Form anglodänischer Silbermünzen

Die Angelsachsen gehörten zu den ersten Volksstämmen, die an die Normannen fixierte Steuerbeträge in Münzgeld entrichteten. Rechts mit Inschrift „ERIC REX" (König Eric), dazwischen ein Schwert als Zeichen der Schutzgewalt.

Rechts mit dem Symbol des Christentums, dem die Schutzherren das kirchliche Zehntrecht garantierten. Seit 991 hatten die Einheimischen zum Freikauf von der dänischen Tributherrschaft eine allgemeine Auflage und unter dem dänischen König Knut (1016–1035) ein „Heregeld" für königliche Söldner zu leisten. Beide Abgaben wurden von den Normannen als „Danegeld" bezeichnet, das in eine laufende Grund- und Vermögensteuer (gewöhnlich 2 Schillinge je Grundstückshufe) verwandelt wurde.[131] Aus dem 10. Jht., gefunden bei York, England (Britisches Museum London).

Von „privaten“ Fronknechten zu „öffentlichen“ Steuerzahlern

Der abendländische Mensch wurde in die Lebensform des mittelalterlichen Feudalismus (Lehnswesen) hineingeboren, die ihm für wirtschaftliche Rechte und politische Betreuung bestimmte Pflichten auferlegte. Dazu gehörten mannigfaltige Dienste und Abgaben, die im damaligen Ordnungsgefüge keiner formaljuristischen Unterscheidung in private und öffentliche Leistungen bedurften. Dem wirtschaftlichen Wesen nach waren es steuerähnliche Belastungen, politisch eine Art „Substeuern“, die im ausländischen Schrifttum als „Feudalsteuern“ oder auch „indirekte“ (Staats-)Steuern“ bezeichnet werden.[132] Jedenfalls sind viele Betroffene im Laufe von Machtverschiebungen „vollwertige“ Steuerzahler geworden.

Aus dem Gewirr feudaler Leistungen greifen wir das Schicksal der untersten Stützen der Lehnspyramide heraus. Sie erscheinen, z.T. als Nachfolger der spätantiken Kolonen und Sklaven[133], in den Quellen zuerst als „servi“, d.h. Knechte[134], die im Dienst der vorherrschenden Fronhofwirtschaft auch „Fronknechte“ (Herrenknechte) genannt werden. Manche kamen als „Steuerflüchtlinge“, die den Lastendruck auf eigener Scholle nicht mehr tragen konnten und sich „aus eigenem Antrieb dem Joch der Knechtschaft“ auslieferten.[135] Sie hatten körperliche Arbeiten zu verrichten, für die sie grundsätzlich kein oder nur ein unverhältnismäßiges Entgelt erhielten: land- und forstwirtschaftliche Dienste aller Art, Hand- und Spanndienste, militärische und handwerkliche Hilfsdienste, Baufronen, Jagddienste, Botendienste (in Rußland „Fußgänger“), auch Bewachungs- und Aufsichtsdienste (in England „Kopfdienste“ genannt). Diese körperlichen Leistungen konnten vom hohen Mittelalter an z.T. abgelöst oder in laufende Geldrenten (Frongeld, Dienstgeld, Pfluggeld, Fuhrgeld u. dgl.) umgewandelt werden.

Wo sich der Fronherr, der bald eine eigene Gerichtsgewalt erlangte, durch Zuwachs an königlichen Fiskalrechten (Regalien) zu einem machtvollen Grundherrn emporschwang und schwächere Fronhöfe mit seinen Fiskalpraktiken überlagerte, begannen sich kleine „Staaten im Staate“ zu bilden, die aus Fronknechten dienstpflichtige Untertanen machten. Sie wurden z.B. zu gemeinschaftlichen Straßen-, Deich- und Festungsbauten eingesetzt, die wir heute als öffentlich-rechtliche Aufgaben einstufen würden. Im ausgehenden Mittelalter wurden sie – wie die vorgenannten Lehnsdienste – zunehmend durch Geldleistungen ersetzt, die den belasteten Untertanen zum echten Steuerzahler stempelten. Dabei konnten auch sonstige Feudalabgaben wie Grund- und Kopfzinsen – aus Naturalien oder Geld – in Steuern verwandelt werden.[136]

Frondienste der Bauern in England

Mittelalterliche Darstellung zum Pflugfrondienst, Erntefrondienst, rechts Jagdfrondienst (mit Hasen im Gebüsch), darüber der reitende Fronaufseher vor der Burg, die durch Baufron errichtet wurde. Britische Briefmarke zum 900. Jahrestag des „Domesday Book" (angelsächsisch domesdaee = Tag des Gerichts), das englische Reichsgrundbuch vom Jahre 1086. Es erfaßte den gesamten Besitz der Grundherrschaften mit der Angabe der Feudalabgaben. Daraus wurde das Leistungspotential der Engländer ermittelt und zur Grundlage der beginnenden Staatsbesteuerung gemacht.
(Aus einem Briefmarkensatz vom 17. Juni 1986).

Fern- und Markthändler als Zollpflichtige und als Schmuggler

Wer im Mittelalter als Händler Land- oder Flußwege benutzen und Märkte aufsuchen wollte, war anfänglich auf wenige Heerstraßen angewiesen, an denen königliche Zollstätten entstanden. Mit Zunahme des regionalen und internationalen Handelsverkehrs wuchs das Bedürfnis nach weiteren und verbesserten Verkehrseinrichtungen, deren Benutzer allerlei Abgaben unter verschiedenen Bezeichnungen entrichten mußten: teloneum (von griechisch teloneion, später tol, tsol, zol als Hauptbegriff), pontaticum (Brükkengeld), portaticum (Torgeld), rotaticum (Rad- oder Wagengeld), pedaticum (Fußgeld, von lat. pes = der Fuß, französisch noch heute péage für Straßengebühr), barganaticum (Barkengeld), ripaticum (Uferanlegegeld), laudaticum (Lobgeld an den Marktherrn) u. dgl.[137]

So vielfältig auch die Fachbezeichnungen waren, dürften diese Abgaben von den Verkehrsteilnehmern zunächst als sinnvolle Gegenleistung und als notwendiges Förderungsmittel des Handels empfunden worden sein. Man braucht dazu nur die damaligen Reiseschilderungen nachzulesen, in denen die Rede ist von „den verschlungenen Pfaden der Wälder", den „Verirrungen an den Wegkreuzungen", den erheblichen Umwegen, den „von Löchern durchsiebten Brückenübergängen" und den „schrecklichen Gefahren" jener Zeit.[138] Doch ist gleichzeitig auch von laufenden Mißbräuchen durch Grundherren und Anliegern die Rede, die an unzulässigen Stellen Wegesperren errichteten oder Sperrstricke durch die Flüsse spannten. Hier war der besondere Schutz des Königs oder der aufkommenden Landesherren gefragt, die sich dafür und dann auch für die Abwehr von Wegelagerern und Raubrittern den conductus (Geleitgeld) entrichten ließen. Eine solche Absicherung war vor allem für die Fernhändler mit ihren vollbepackten Planwagen unerläßlich, die sich für ihre Person und ihre Waren gern den Schutz (salus) des Markt- oder Messeherrn durch ein salutaticum (Marktschutzgeld) erkauften. Der zunehmende und oft nur angebliche Schutzcharakter hat diese gebührenartigen Abgaben in reguläre Steuern verwandelt, aus den Wege- und Brükkenbenutzern Passierzollpflichtige und aus den Markthändlern allmählich Verkehr- und Verbrauchsteuerzahler gemacht.[139]

Die mögliche Vielzahl dieser Abgaben und ihr häufig bezeugter Mißbrauch haben die Betroffenen von altersher zu Umgehungen animiert. Die Händler suchten nach Umwegen auf Nebenstraßen, denen die Zoll- und Steuerherren durch Einführung des Straßen- und Martkzwanges und durch Erhebung von „Wehrzöllen" auf den Ausweichstraßen zu begegnen trachteten.[140] Das wiederum lockte zu ausgeklügelten und nicht selten gewalttätigen Schmugglermethoden, die in der Folgezeit gelegentlich bandenmäßigen Umfang annahmen.[141]

Viehhändler bei der Entrichtung des Brückenzolls am Eingang einer mittelalterlichen Stadt, um 1450

Für Pferde, Esel, Rinder und Schweine galten unterschiedliche Abgabensätze, die den Geldwert eines Huhns oder einer Gans erreichen konnten. Wer bei Zollhinterziehungen erwischt wurde, mußte den vierfachen Betrag nachentrichten. Diese Strafhöhe war schon von den Römern praktiziert worden, ging im 13. Jahrhundert in den Sachsenspiegel und 1924 in die alte Reichsabgabenordnung ein.[142]

Kaufleute und Handwerker im Streit um die Stadtsteuern

Mit dem Aufschwung der mittelalterlichen Marktsiedlungen zu Handelsstädten rückten vom 12. bis 15. Jahrhundert neue Gesellschaftsgruppen in die Mitte des abendländischen Steuergeschehens: die handels- und gewerbetreibenden Bürger der sich entwikkelnden Stadtgemeinden.

Als Hauptträger der kommunalen Steuerlast erscheinen zunächst die Kaufleute, die für ihr Handelsrecht dem König oder Territorialherrn eine Geldabgabe zu entrichten hatten.[143] Sie zogen ihre Hilfskräfte aus der Landbevölkerung nach, die gemäß dem Rechtssatz „Stadtluft macht frei" dem Geflecht von feudalen Abgabe- und Dienstverpflichtungen zu entrinnen suchten. Durch Arbeitsteilung und Funktionserweiterung bildeten sich kombinierte Handels- und Gewerbezentren heraus, die ein umfassendes Kommunalrecht notwendig machten. Danach sollte als Stadtbürger gelten, wer die Kommunalsteuern und sonstige Lasten mittrug.[144] Die Steuerleistung, meist beginnend mit einer Aufnahmezahlung beim Zuzug in die Stadt, bildete das Kriterium der Zugehörigkeit zur Bürgergemeinde. Die ersten Bürgersteuerzahler waren die Kaufleute selbst; sie nahmen für sich auch die ersten Stadtrats- und Bürgermeisterposten in Anspruch, durch die sie über die Steuergestaltung maßgeblich bestimmen konnten. Sie entwikkelten die ersten abendländischen Doppelsysteme von direkten und indirekten Steuern, darunter in Florenz bereits eine modern anmutende Progressionssteuer mit Sätzen von 4 bis 33½%.[145] Bei den Stadt- und Landfehden zwangen der Bau von Schutzmauern und die Finanzierung von Söldnern vielfach zu drückenden Sondersteuern, die von den Bürgern z. B. als „Quartiergeld" oder „Kontributionen" erhoben wurden.[146]

Viele der in den Stadtverwaltungen vorherrschenden Kaufmannsgeschlechter verstanden es freilich, die direkten Steuern (in der Regel Vermögensteuern mit Namen wie Schatzung, Bede oder Schoß) für sich selber möglichst erträglich zu gestalten oder sie ganz zu beseitigen und dafür ein Netz von mehr oder weniger abwälzbaren indirekten Steuern (Ungeld, Akzisen, Zölle) zu spannen. Das löste weithin innerstädtische Tumulte und auch blutige Steuerrevolten aus, häufig angeführt von den wirtschaftlich vorwärts drängenden Handwerkerzünften, die in die Schaltstellen der kommunalen Finanzgebarung aufgenommen werden wollten.[147] Mühsam kamen da und dort steuerpolitische Kompromißformen zwischen dem kaufmännischen Patriziat und der Handwerkerschaft samt den Lohnarbeitern zustande. In Wien z. B. verstand man sich auf ein gemeinschaftliches „Mitleiden", worunter die Gesamtheit aller in Geld oder in natura zu gebenden Leistungen verstanden wurde und woraus die amtliche Bezeichnung „Mitleidensteuern" erwuchs.[148]

Bürgersteuern im Frieden und im Krieg

Links Bürger von Siena bei der Steuerzahlung an den Camerlengo (Stadtkämmerer); darüber allegorische Figur mit Schrift: „Pax cives ditat", d. h. der Friede bereichert die Bürger. Rechts bewaffnete Söldner beim Abholen des Soldes aus der Steuerkasse; darüber Figur mit Schwert und Schrift: „Hoc exteros", d. h. dieses (Geld) bereichert die Auswärtigen (= Söldner).
Umschlagbild eines Rechnungsbuches der Stadt Siena, 1468 (Stadtarchiv Siena).[149]

„Steuersubjekte" im Schatten privilegierter Stände

Die gesellschaftlichen Unterschiede in den abendländischen Ständestaaten hatten differenzierte Belastungen zur Folge. Die anfänglichen Jahresgaben der Großen, von Adeligen und Geistlichen getragen, waren mit einschneidenden Pflichten zur Heerfahrt und zur Gastung (Beherbergung und Verpflegung des wandernden Königshofes) verbunden. Mit der allmählichen Umwandlung dieser Personal- und Naturalpflichten in Geldsteuern und deren Umlegung auf die untergebenen „subjecti"[150], wurde die Oberschicht deutlich entlastet. Dazu kamen urkundliche Steuerprivilegien für weltliche und geistliche Würdenträger, für Stifte und Klöster, die als einseitige Wohltatserweisungen den Lastendruck auf die nichtbegünstigten Mittel- und Unterschichten erheblich verstärkten.

Man hat versucht, die mittelalterliche Belastungsquote der nichtprivilegierten Bauernschaft auf eine zahlenmäßige Formel zu bringen.[151] Für England wurde ermittelt, daß die hörigen Bauern häufig an die 50% ihrer landwirtschaftlichen Roherträge als Naturalabgaben zu entrichten hatten. Nach Berechnungen für den Rhein-Mosel-Raum sollen die dortigen Abgaben im Hochmittelalter etwa 30% des Getreiderohertrages ausgemacht haben, wozu noch die Frondienstbelastungen kamen. Im Mecklenburg waren im Spätmittelalter mehr als 50% des Getreideertrages, nach Abzug von Aussaat und Pferdefutter, abzuliefern. Wem Freizügigkeit möglich war, der floh in die „freie Stadtluft", wo sich aber vielfach neue Belastungsklüfte gegenüber privilegierten Patriziern, Klerikern und Amtsleuten auftaten.

Die unterschwelligen und gelegentlich offenen Kämpfe zwischen den Schwer- und Minderbelasteten wurden im Hoch- und Spätmittelalter von den aufkommenden Landesherrschaften zum Teil durch gezielten Privilegienabbau aufzufangen versucht.[152] So machte der französische König schon im 12. Jahrhundert Ansprüche auf allgemeine Steuerhilfen geltend, die prinzipiell auch von Adeligen und Klerikern zu tragen waren.[153] Besonders in Kriegszeiten wurden alle Stände mehr oder weniger vollständig erfaßt, wie z.B. bei der Abgabe des Hundertsten im Jahre 1294, des Fünfzigsten von 1295–1301 und einer Progressionssteuer von 1356. Doch hat gerade die Geschichte Frankreichs gezeigt, daß die Hauptsteuerlast mit der berüchtigten „taille" (direkte Haushaltungssteuer) unter Schonung der Oberschichten immer wieder dem „peuple taillable" (dem steuerpflichtigen Volk) aufgebürdet wurde, bis dieses sich 1789 gegen die Privilegierten erhob. Der Abbau von Steuerprivilegien setzte vor allem in den Städten ein, vielfach unter dem Druck eines territorialen Steuerherrn, der möglichst alle Bürgerschichten schröpfen wollte.

Beseitigung von Steuerprivilegien in Wien Anno 1391

Im Hintergrund vor der Wappensäule Herzog Albrecht III. (1365–95) mit Kanzler und Mautner, die Aufhebung von Steuerprivilegien verkündend. Links Vertreter der Geistlichkeit, im Vordergrund Vertreter von Adel, Kaufmannschaft und Handwerk, die der allgemeinen Besteuerung unterliegen sollen.
Fresko von Ludwig Mayer im neuen Rathaus zu Wien (Landesbildstelle Wien).

Kreuzzugs-, Ketzer- und Türkensteuerzahler in Gehorsam und Widerstand

Wie am Beginn so werden auch gegen Ende des Mittelalters die abendländischen „Erdenbürger und Gottespilger" von Glaubenseinstellungen beherrscht, die ihre Bereitschaft zu Steuerzahlungen recht und schlecht mitbestimmen. Gerade die größten Steueraktionen jener Zeit, die sich gegen Ungläubige richten sollten, sind Spiegelbilder teils frommen Steuergehorsams, teils aber auch stillen und offenen Steuerwiderstandes gegen unchristlichen Glaubensmißbrauch.

Bei den ersten Großaktionen dieser Art handelte es sich um Kreuzzugssteuern, zu denen im 12. Jht. zunächst die Franzosen und Engländer und vom 13. Jht. an auch die Deutschen aufgerufen waren. Die Christgläubigen gingen von der ursprünglichen Idee aus, daß die von Staat und Kirche ausgeschriebenen Sondersteuern (Geldzehnten, rohe Einkommen- und Vermögensteuern) zur Verteidigung der vom Islam bedrohten Christen im Heiligen Land dienten; doch als die Kreuzzüge durch Kurie und Krone zunehmend fiskalisiert und Steuern für machtpolitische Eigeninteressen zweckentfremdet wurden, begannen sich unter den opferbereiten Zahlern Stimmen der Enttäuschung und der Ablehnung zu regen.[154] Die beschämenden Zustände trugen dann zu begründeten Zweifeln auch über die Zweck- und Rechtmäßigkeit der Ketzersteuern bei, die im 15. Jht. auf Reichsebene zur Austilgung der Hussiten von „iglich christenmensch" getragen werden sollten.[155] In der Form ständischer Personalsteuern eingefordert, folgten ihnen die Türkensteuern, als deren Verpflichtungsgrund wiederum die „rettung christlichs glauben und seins nebenchristen" in den Vordergrund gestellt wurden. Doch schon das erste Türkensteuerprojekt von 1471/74, das eine Reichssteuer mit proportionalen Tarifen vorsah, hat eine breite Welle argumentativen und teils auch organisierten Steuerwiderstandes hervorgerufen.[156] Aus allen Lagern der Reichsstände erhoben sich heftige Einwände gegen die „unleidelich beswerung".

In einer letzten Kraftanstrengung des Heiligen Römischen Reiches Deutscher Nation wurde 1495 unter Kaiser Maximilian I. versucht, „alle unnd yegliche menschen, sy seyen geistlich oder weltlich, frawen oder mann, was wirden, ordens, stannds oder wesens die sein", zu einer allgemeinen, direkten Reichssteuer heranzuziehen; sie war ausdrücklich auch gegen „der veindt christi" gerichtet und sollte in der Form einer gemischten Kopf-, Vermögen- und Standessteuer eingezogen werden.[157] Noch deutlicher als bisher erhob sich allenthalben „gemeine rede und geschrey". Hauptgegner dieser auf vier Jahre begrenzten Kaisersteuer, die nur schleppend und unvollständig einging, waren die aufstrebenden Territorialherren, in deren profanen Machtkämpfen sich die nachfolgenden Türkensteuern der Neuzeit in reguläre Kriegs- und Landessteuern verwandelten.[158]

Türkensteuerzahler unter der Kanzel

Nach Artikel 14 des Reichssteuergesetzes von 1495 war das Volk von „den Kanzeln zu ermahnen, Gott zu Lob und zu Erhaltung und Mehrung des christlichen Glaubens und des Heiligen Reichs, auch des Rechtes und Friedens, etwas mehr, als vorgeschrieben ist, zu geben und zu helfen." Namhafte Prediger ermahnten aber auch die Steuerobrigkeiten zur gewissenhaften Aufgabenerfüllung.[159]
Ausschnitt aus einem Nürnberger Holzschnitt, um 1530.

III

Neuzeit

um 1500 n. Chr. bis heute

Von moslemischen Ungläubigensteuern zu spanischen Kolonialsteuern

Hand in Hand mit den europäischen Entdekkungen und Eroberungen in Übersee, bahnte sich um 1500 ein politischer und wirtschaftlicher Umschwung mit weltweiten Auswirkungen auf die Träger der Steuerlast an. Schrittmacher waren die Spanier und Portugiesen, die im Finanzbereich ausländische Zwischenzölle umgehen und ihre leeren Staatskassen durch Beutegüter, Handelsabgaben und Fremdensteuern auffüllen wollten.

Die iberische Halbinsel war erst 1492 von den Resten der maurisch-islamischen Invasoren befreit worden; diese hatten von den einheimischen Christen neben einer Ungläubigensteuer (Kopf- und Grundsteuer) zeitweilig einen Doppelzoll (von 5% statt der üblichen 2,5% für Muselmänner) und in den Städten Marktumsatzsteuern unter dem Namen „kabala" (arabisch „erhalten, empfangen") erhoben.[160] Noch lagen auf den traditionellen Fernhandelslandwegen vom Orient zur Mittelmeerküste hohe Zwischenzölle der Türken, Mamelucken und Berber. Sie konnten seit Erschließung der neuen Seefahrtwege nun regelrecht umschifft werden. Kolumbus und seine Nachfolger fanden in der „Neuen Welt" leistungswillige Eingeborene, aber auch grausame Tributsysteme vor. Die Indios wurden nun dem christlichen Kirchenzehnten unterworfen, dessen Erhebung der spanischen Krone mit der Verpflichtung zur Missionierung zufiel; sie wurden außerdem als Zwangsarbeiter eingesetzt, bis ihre Fronpflicht 1536 in eine Tributabgabe umgewandelt wurde.[161] Als die Portugiesen zur Zeit der Union mit Spanien (1580–1640) sich weigerten, eine spanische Vermögensteuer zu entrichten, und deshalb mit einer besonderen Strafsteuer belegt werden sollten, entstand eine Steuerrevolte, die 1640 zur Abtrennung Portugals führte.

Mit der fortschreitenden Hispanisierung drang allmählich das Steuersystem des Mutterlandes in die neuen Siedlungsgebiete vor. Von überkontinentaler Bedeutung wurde die Entwicklung der spanischen alcabala, die erstmals 1558 auf Lateinamerika übergriff. Wohl um 14. Jht. in Anlehnung an die arabische Kabala aufgekommen, gilt sie als die älteste spanische Königsteuer. An sie knüpft die allgemeine Umsatzsteuer der Neuzeit an; unter Ferdinand von Aragon und Isabella von Kastilien, um die Wende zum 16. Jht., betrug der Steuersatz 10%. In einem fortwährenden Streit der Betroffenen mit den Steuerbehörden bewegte sich der Steuersatz dann zwischen 5 und 20% hin und her und lag Ende des 18. Jht. in den lateinamerikanischen Provinzen bei 2% des Wertes, den die Waren bei der Ausfuhr aus Spanien hatten. Trotz oder gerade wegen dieses niedrigen Satzes florierte der Handel, und die Umsatzsteuerzahler brachten aus Übersee zeitweilig rund 25% der Gesamteinnahmen der spanischen Krone ein.

Kolumbus mit den Abgabepflichten der Neuen Welt

Die Eingeborenen übergeben Kolumbus nach seiner Landung am 12. Oktober 1492 auf San Salvador kostbare Gastgeschenke, denen Zehntabgaben, Tribute und Steuern folgten. Kolumbus selbst wurde von der spanischen Krone ermächtigt, von allen eingebrachten Waren für sich den zehnten Teil zu erheben und zu behalten.
Ausschnitt einer Nachzeichnung von 1594.

Großunternehmer als Vermögensteuerzahler

Im Sog des expandierenden Überseehandels steigt eine vermögende Kaufmannselite auf, die Waren- und Geldgeschäfte in großunternehmerischen Gesellschaften betreibt. Sie sind die potentiellen Adressaten der städtischen Vermögensteuer, die mit Sätzen zwischen 0,25 und 3,3 % auf die Vermögenssubstanz gelegt wird und die Aufstellung von Steuerbilanzen ratsam erscheinen läßt.

Wir greifen dazu das Beispiel der Augsburger Fugger heraus, die vorübergehend halb Südamerika in ihre Hand brachten. Sie erreichten bis 1546 ein Vermögen von 5 Millionen Gulden[162], eine Summe, die dem Wert von rund 15 Millionen Rindern entsprach und für die Besoldung von 50 000 Söldnern zu Roß für ein ganzes Jahr lang ausgereicht hätte.[163] Sie richten ihre Rechnungsführung nach dem Muster italienischer Kaufleute ein, die aus der Bewertung von Inventur- und Schuldenaufstellungen die Bilanz entwickelt hatten. In den deutschen Städten war mit dem verschärften Zugriff auf das Kaufmannsgut für Zwecke der vorherrschenden Vermögensteuer zu rechnen. So enthielten die Steuervorschriften der Stadt Augsburg bereits einschlägige Regelungen für die Ermittlung und Bewertung des Vermögens beweglicher und unbeweglicher Art mit dem Grundsatz, das ganze Vermögen „ohne alle Ausnahme" zu deklarieren. In der näher erforschten Fugger-Bilanz von 1527 fällt auf, daß im Gegensatz zum vollständigen, internen Inventar die gesamten Mobilien und alle Debitoren verschwunden sind. Aus einem vergleichbaren Fall des Augsburger Überseekaufmanns Lucas Rem ist auf ein „eigentümliches Mißverhältnis zwischen der Theorie und Praxis des Steuerzahlens" geschlossen worden. Es scheint sich ein Handelsbrauch zur Niedrig- und Unterbewertung herausgebildet zu haben, um – wie es zu einer Buchhaltungslehre von 1586 heißt – eine „höhere Besteuerung zu vermeiden".[164]

Als der Kaiser die reichen Handelsgesellschaften zu einer Art Körperschaftsteuer heranziehen wollte, wehrten die Fugger erfolgreich ab mit der Begründung, daß der Handel den Ländern und Leuten zu einem ungeahnten Wohlstand verhelfe; deshalb müßten die Unternehmer vielmehr mit Privilegien und Freiheiten ausgestattet werden. Eine Privilegierung ergab sich schon aus den degressiven Vermögensteuersätzen, die sich z. B. bei dem steigenden Vermögen von Lucas Rem (zwischen 1516 und 1539 von 7500 auf 50 000 Gulden) von 0,5 % auf 0,27 % senkten. Eine ausgesprochene Bevorzugung der großen Zahler brachte in Augsburg 1549 ein vertragliches Pauschalierungsverfahren, das gegen Entrichtung einer Steuersumme von 600 Gulden das höhere Vermögen frei ließ. Es darf aber nicht übersehen werden, daß dank kaufmännischer Innovationen zugleich eine Vermögensbildung auf breiter Basis einsetzte, die allgemein zur Stärkung der städtischen Finanzkraft beitrug.

Jakob Fugger „der Reiche" (1459–1525)

Der Großunternehmer, der hier Goldmünzen und Geschäftsbücher vor sich liegen hat, beim symbolischen Abwägen seines Geldvermögens. Er war wohl der reichste Vermögensteuerzahler mit der relativ niedrigsten Steuerquote seiner Zeit.
Gemälde von Lorenzo Lotto (oder Giovanni Dossi), posthum um 1538
(Museum der Bildenden Künste in Budapest).

Bäuerliche Landsteuerzahler im Massenaufstand

Während Handel und Gewerbe vielfach zu ansehnlichem Vermögen gelangten, blieb die Unterschicht der Landbevölkerung auf der Strecke und wurde obendrein mit neuen Steuern beladen. Das führte zu Massenerhebungen, die im 16. Jht. Mitteleuropa, im 17. Jht. Frankreich und im 18. Jht. auch England erfaßten.

In Deutschland waren es neue Doppelbelastungen, die das Faß im Großen Bauernkrieg von 1525 zum Überlaufen brachten. In den 12 „Hauptartikeln aller Baurschaft" wird betont, man wolle den herkömmlichen „rechten Kornzehnt gern geben", der aber ausreiche, „damit man kein Landsteuer dürf auf den armen Man legen".[165] In einer Beschwerdeschrift wird gefordert: „Gmain Landsteuer und Reisgelt (Kriegssteuer) sollen die Geistlichen wie die Weltlichen schuldig sein", womit die Kirche und die Ritterschaft gemeint waren; die Bauernschaft aber sollte „über alt herkommen der Steur nit beschweret" werden.[166] Die Landsteuer war die neue Finanzquelle der aufsteigenden Landesherren; nach Meinung der Grundholden sollte sie allein von den Landständen (Adel und Geistlichkeit) getragen werden, die ja die herkömmlichen Abgaben und Dienste der Landleute ungeschmälert weiterbezogen. Der Widerstand richtete sich auch gegen neuartige Erfindungen wie die „große und unmäsliche Weihesteuer" zur Einsetzung eines Fürstbischofs[167] und gegen das landesfürstliche Ungelt (Getränkesteuer), das „ainen pössen Namen" und eine „ungerechte Aigenschaft" habe.[168] Die Bauern beschwerten sich weiterhin über „neu und unpillich Zoll und Aufschlag", über zusätzliche „unleidenliche Frondienste" und „Hoherung der Zins, Steur, Straffen, Robot".[169] Die Empörung gegen die „merklichen Steuren und Schatzungen" war mit erschütternden Klagen gegen die Neubelebung der Leibeigenschaft verknüpft, in die freie Bauern „wider Gott und Recht... gezwungen und getrungen" worden seien.[170]

In der Tat ist das erste Jahrhundert der Neuzeit durch einen Steuerzuwachs ohnegleichen gekennzeichnet, der schwerpunktmäßig auf das zwar zahlenmäßig stärkste, belastungsmäßig aber schon bisher am härtesten betroffene Landvolk gelegt wurde. Nach Schätzungen hatten die Betroffenen allein für die Reichskriege die sechsfachen Steuersummen von früher aufzubringen. Am Beispiel Bayerns ergibt sich, daß daneben zwischen dem 15. und 17. Jht. die traditionelle Belastung durch die Grundherren auf 300 bis 400% und die Steuern an den Landesherrn auf die schockierende Höhe von rund 2200% anstiegen.[171] Noch im 18. Jahrhundert klagte Justus Möser:

> „Es gehn viele da gebückt und welken
> In Elend und in Müh,
> Und andere zerren dran und melken
> Wie an dem lieben Vieh".

Bauern bei der Steuerzahlung (siehe Farbbild auf dem Umschlag)

Hinter dem Tisch, auf dem Silbermünzen liegen, steht der Bauermeister, der mit dem Steuereinzug beauftragt ist. Er liest in einem Steuerzettel. Links drei Bauern und eine Bäuerin, die sich über einem Korb bückt, vor den sie einen Sack und eine Ente als Geldersatz hinlegt. Von rechts kommt ein vierter, sorgenvoller Bauer heran, in der einen Hand den Steuerzettel, in der anderen den schmalen Geldbeutel. Dahinter eine Alte, die kummervoll die Hände ringt. Im Hintergrund links ein alter Schreiber, der das Steuerregister führt.
Gemälde von J. d. Faye, um 1670 (Hessisches Landesmuseum, Darmstadt).

Niederländische Steuerrebellen als Freiheitskämpfer

Während die massiven Bauernaufstände gegen die eigenen Steuerherren im wesentlichen erfolglos blieben, wird in der entscheidenden Phase der niederländischen Erhebung von 1571/81 gegen die Spanier die erste erfolgreiche Großaktion eines organisierten Steuerwiderstandes der Neuzeit erblickt. Es ging um die Abschüttelung der habsburgischen Fremdherrschaft, wobei die landesweite Ablehnung der Steuern gleichsam zum Funken wurde, der zündete und das Feuer der nationalen Erhebung entfachte.[172]

Mit der Erbschaft der burgundisch-niederländischen Provinzen hatten die Habsburger zu Beginn der Neuzeit die kapitalkräftigsten Steuerzahler Europas vereinnahmt. Die Bürger der über zweihundert blühenden Städte brachten dem spanischen Zweig der Dynastie siebenmal soviel an Steuern ein wie an Beutesilber aus Amerika. Es waren teils Beden („Bittsteuern"), teils örtliche Waren- und Verbrauchsteuern, gegen deren Abführung zunächst lokale Rebellen auftraten. 1569 wurde die Bevölkerung mit einem neuen Steuerplan konfrontiert, der den Zugriff durch die Zentralmacht erleichtern sollte: eine Vermögensteuer von 1% der Substanz, eine Verkaufsteuer auf Mobilien und Immobilien von 5% sowie eine allgemeine Umsatzsteuer von 10%. Die letztere, „tiende penning" (= zehnter Pfennig) genannt und nach dem Muster der spanischen alcabala angelegt, rief die aufrührerischen Geusen (aus französisch „gueux" = Bettler, die den Bettelsack tragen) auf den Plan, deren organisierter Abwehrkampf unter der Führung des Prinzen Wilhelm von Oranien mit der nordniederländischen Unabhängigkeitserklärung von 1581 endete.

Freilich, die nationale Unabhängigkeit bedeutete keine Steuerfreiheit, sondern nur einen Wechsel in der Steuerherrschaft. Es lebten die alten direkten Steuern („beden") und die vielerlei indirekten Steuern („imposten" und „accijnzen") wieder auf, mit denen man das Staatsschiff wieder flott machen wollte. Zielstrebig folgte die Besteuerung von „Convooyen" und „Licenten" für den Bau und Unterhalt der Flotte und den Schutz des aufblühenden Handels. Mit diesen Leistungen bereiteten die Niederländer den Boden für ihr „Goldenes 17. Jahrhundert", das sie zur ersten Welthandelsmacht erhob und weithin – besonders in England und Preußen – das Vorbild für den Ausbau des Verbrauch- und Verkehrsteuerwesens abgeben sollte. Zwar wurde von dem System der indirekten Besteuerung auch und gerade der kleine Mann getroffen; doch nahm er dafür an den wirtschaftlichen und kulturellen Aufschwung seines befreiten Landes teil.

Niederländische Gedenkmünze auf den „Zehnten Pfennig"

Zur Erinnerung an die Abwehr der spanischen Umsatzsteuer von 10 % wurden in den Niederlanden mehrmals Gedenkmünzen geprägt. Die abgebildete Ausgabe von 1572 zeigt oben den Befreiungsführer in Ritterrüstung mit der Inschrift „P. V. O. DAT EDEL BLOET", rechts um das Wappen die Fortsetzung: „HEFT ONS VOER DEN 10. PENNINCK BEHOT", d. h.:

Prinz von Oranien, das edle Blut,
hat uns vor dem 10. Pfennig behütet.

Nach einer Originalmünze im Niederländischen Belasting Museum Prof. Dr. van der Poel in Rotterdam.

Kontributionszahler im Dreißigjährigen Krieg

Auch in der Neuzeit waren es bisher die Kriege, die den Steuerzahler zu Höchstleistungen zwangen. Was ihnen von 1618 bis 1648 im längsten Krieg Mitteleuropas aufgebürdet wurde, nahm vielerorts brutale Formen an.

Die „Contribuenti" (von lat. contribuere = beitragen) wurden praktisch von Söldnerführern zur Kasse genötigt.[173] Der Kaiser war mangels eigener Streitkräfte auf die Gunst von selbständigen Kriegsunternehmern angewiesen, denen nach dem geltenden Kriegsrecht auch die Steuerbeitreibung zustand. Wo es möglich und ausreichend schien, schlossen die Söldnerführer in den Kriegsgebieten Verträge mit den steuerberechtigten Städten und Territorien zur pauschalen Abführung der Kontributionen ab. Ein Landsknecht zu Fuß kostete den Steuerzahler monatlich rund 10 Gulden, ein Ritter etwa 15 Gulden, ein Obrist an die 500 Gulden und ein Heerführer zwischen 3000 und 6000 Gulden; Mannschaft und Anführer blieben natürlich steuerfrei. Bei einer zeitweiligen Heerestärke von gut 100 000 Mann hatten die Kontributionspflichtigen 1 bis 2 Millionen Gulden pro Monat aufzubringen; das entsprach zwischen 1630 und 1640 ungefähr dem Wert von 200 000 bis 300 000 Kühen.[174] Zu den Soldforderungen gesellten sich Verpflegungs- und Quartieransprüche nach dem Motto, daß der Krieg den Krieg ernährt. Die rauhen Sitten brachten es mit sich, daß die Kontributionen als außerordentliche Kriegssteuern ohne Unterschied von Freundes- und Feindesland unter Androhung von Brandschatzung und Plünderung aus der Bevölkerung rigoros herausgepreßt wurden. Der Zeitgenosse Grimmelshausen klagte im „Simplicissimus", daß „das ganze Land durch stetiges Exequiren und Tribuliren in der Contribution" geplagt werde, und zwar durch „Rauben, Plündern, Stehlen, Brennen und Morden."[175]

In dem verhängnisvollen Kontributionskrieg verlor Deutschland etwa die Hälfte seiner steuerbaren Bevölkerung und seines Volksvermögens. In den Territorien gingen die Jahreseinnahmen zum Teil auf ein Zehntel des Vorkriegsstandes zurück.[176] Um so mehr drängten die aufstrebenden Landesherrn auf sichere und stetig fließende Finanzquellen, die angeblich der „Glückseligkeit der Untertanen" dienen sollten. In Brandenburg-Preußen wurde ganz einfach die außerordentliche Kontribution in eine ständige Einrichtung umgewandelt, die bis zum Beginn des 19. Jht. die direkte Hauptsteuer für die Bewohner des platten Landes blieb. Für die städtischen Steuerzahler wurde ein dauerhaftes und zugleich anpassungsfähiges Bündel von Getränke- und Lebensmittelakzisen entwickelt, das als indirekte Besteuerungsform nach dem Muster der Niederlande die einheimische Wirtschaft wieder „in Flor" bringen sollte.

Presser und Zahler der Kontribution

Links vor einer Geldtruhe bewaffnete Landsknechte, denen die bedrohten Kontributenden gefüllte Geldbeutel und eine Schale mit Silberstücken zureichen. Grimmelshausen berichtet von der Gewohnheit der Landsknechte, „Contributionen in großen Beuteln" und „Wannen voll Geld" zu „erpressen"; er schmiedete den satirischen Vers:

Ja, der Soldaten böser Brauch
Dient gleichwohl dir zum besten auch;
Daß Hochmut dich nicht nehme ein,
Sagt er: „Dein Hab und Gut ist mein."

Holzstich aus den Historien von Olaus Magnus, Basel.

Steuerkritiker im englischen Parlament

Während auf dem Kontinent den steuerzahlenden Untertanen durch absolutistische Fürsten „das Maul gestopft" wurde, verschafften sich in England mehr und mehr Standes- und Volksvertreter das Recht zur Steuerdebatte und schließlich zur Steuergesetzgebung im Parlament.

Schon in der berühmten Magna Charta von 1215 hatten sich die führenden Ständevertreter das grundsätzliche Mitbestimmungsrecht in Steuersachen ausbedungen.[177] Die Petition of Rights von 1628 verlangte, daß niemand mehr genötigt werde, „eine Steuer oder sonst eine entsprechende Abgabe zu leisten, ohne allgemeine Zustimmung durch Parlamentsbeschluß."[178] Mit der Declaration of Rights von 1689 wurden Gelderhebungen für Zwecke der Krone ohne Bewilligung des Parlaments rundweg für ungesetzlich erklärt, den Untertanen das freie Recht der Bittschriften an den König eingeräumt, die volle Redefreiheit im Parlament gesichert und bestimmt, daß „zum Zwecke der Abhilfe von Beschwerden, zur Verbesserung, Befestigung und Erhaltung der Gesetze Parlamentssitzungen häufig abgehalten werden sollen."[179] Damit war den Steuerbetroffenen der Weg zur öffentlichen Steuerkritik und mit dem nachfolgenden Ausbau des Wahlrechts auch zur Mitwirkung an der Gestaltung des Steuerrechts geebnet worden.

Mit diesem Demokratisierungsprozeß leiteten die Engländer den politisch bedeutsamsten Wandel im Steuergeschehen der Neuzeit ein. Die allgemeine Kritik entzündete sich in der Regierungszeit Karls I. (1625–1649), der die Forderungen des Parlaments mißachtete und dann enthauptet wurde. Als sein großes Geschäft mit der einseitig ausgedehnten Schiffssteuer von John Hampdon mutig angefochten wurde, begann sich eine steuerpolitische Opposition zu formieren.[180] Nach Ausbruch des englischen Bürgerkrieges (1642–49) war die Parlamentspartei gezwungen, Kriegssteuern zu beschließen, die nach heftigen Debatten in der Form vorübergehender Excises (Akzisen nach niederländischem Muster) eingeführt wurden. Auch hiergegen erhob sich ein Sturm der Entrüstung, angefeuert durch ein öffentliches Pamphlet von William Prynne[181]; doch wurden diese Verbrauchsteuern – vornehmlich auf Getränke und Kolonialwaren – von den nachfolgenden Parlamentariern aus wirtschaftspolitischen Erwägungen so stark ausgebaut, daß sie auf lange Zeit das Rückgrat des britischen Staatshaushalts bildeten. Bezeichnend für die Steuermentalität war der Widerwille gegen die „Herdsteuer", die von jeder Feuerstelle erhoben wurde und lästige Hausschnüffeleien zur Folge hatte. Statt ihrer setzten die Steuerkritiker die „Tax on Window" durch, die nach der Anzahl der Fenster von außen kontrolliert werden konnte und den Grundsatz der Briten respektierte: „My house is my castle".[182]

Ein Steuerkritiker und das englische Steuerforum

John Hampdon (1595–1643), der sich öffentlich und vor Gericht gegen die königliche Schiffssteuer wandte, die Karl I. seit 1634 unter Mißachtung des Parlaments forderte. Der mutige Steuerkritiker gehörte zu den Führern des 1640 einberufenen „Langen Parlaments".

Sitzung des englischen Parlaments, das sich zum ersten demokratischen „Steuerforum" der Neuzeit entwickelte. Abbildung auf dem großen Staatssiegel für England von 1651.

Von kolonialen Steuerrebellen zu Steuerzahlern der USA

Der in England begonnene Demokratisierungsprozeß der Besteuerung griff in dramatischer Form auf die Kolonisten in Nordamerika über, wo er eine Fundierung von weltgeschichtlicher Tragweite erfuhr: die Verankerung in allgemeinen Menschenrechten.[183]

Es waren zwei herausragende Steuerrevolten, die diesen Weg vorbestimmten. Als erstes erfolgte ein Aufstand gegen die britische Stamp-Act (Stempelgesetz) von 1765, mit der das Mutterland ohne Befragung der Kolonistenversammlungen im überseeischen New England eine direkte Verkehrsteuer auf Urkunden, Verträge und Druckschriften legte; sie wurde mit einer stürmischen Protestwelle abgewehrt, wobei der Hauptakteur James Otis, ein Anwalt und Publizist, das zündende Schlagwort prägte: „No taxation without representation" (keine Besteuerung ohne Volksvertretung)! Der zweite Schritt war die berühmte Bostoner Tea-Party von 1773, eine Erhebung gegen die britische Tea-duty (Teesteuer), die wiederum einseitig vom Londoner Parlament beschlossen worden war; in einem Nachtangriff stürmten als Indianer verkleidete Kolonisten drei britische Schiffe und warfen die Teeladungen über Bord. Der allgemeine Steuerwiderstand wuchs sich daraufhin zum militärischen Freiheitskampf aus und führte schließlich zur amerikanischen Unabhängigkeitserklärung von 1776. In der Virginia Bill of Rights von 1776 wurde der fundamentale Grundsatz verankert, daß die Menschen „cannot be taxed without their own consent", also nicht besteuert werden können ohne ihre Einwilligung. Die Besonderheit dieses neuartigen Besteuerungsprinzips lag darin, daß es sich nicht von einer Staatsgewalt ableitete, sondern als angeborenes, unveräußerliches Menschenrecht begründet wurde.

Die amerikanischen Steuerrebellen strebten nicht die Entlassung aus der bürgerlichen Steuerpflicht an, sondern das demokratische Recht auf Steuermitbestimmung. In der Erklärung des Unionsstaates Massachusetts von 1780 heißt es ausdrücklich, daß jedes Mitglied der Gesellschaft für den Genuß seiner Rechte konsequenterweise verpflichtet sei, „to contribute his share", d.h. seinen Teil beizusteuern. In der US-Verfassung von 1787 erteilten die Abgeordneten als Vertreter der Steuerzahlerschaft dem Bundeskongreß das Recht, „Steuern, Zölle, Abgaben und Akzisen aufzuerlegen und einzuziehen, um für die Erfüllung der Zahlungsverpflichtungen, für die Landesverteidigung und für das allgemeine Wohl der Vereinigten Staaten zu sorgen."

Aufstand gegen die britische Stempelsteuer im Jahre 1765

Öffentliche Verbrennung englischer Steuerpapiere durch nordamerikanische Kolonisten. Ähnliche Steuerrevolten folgten auch in anderen Kolonien, so 1789 in Brasilien unter dem Steuerrebellen José da Silva Xavier gegen portugiesische Steuerforderungen.

Steueruntertanen entfachen die Französische Revolution

Es waren französische Untertanen des Ancien Régime, die mit der Revolution von 1789 den nachhaltigsten Anstoß zur Umgestaltung des Steuerrechtes auf dem ganzen Kontinent gaben. Die Auflehnung war im Steuerbereich gegen die Steuerwillkür des Absolutismus und gegen die Steuerungleichheit der alten Feudalgesellschaft gerichtet.[184] Stichwortartig seien folgende Etappen genannt:

5. 5. 89: Bankrott der französischen Staatskasse zwingt den Monarchen nach 175 Jahren absolutistischer Steuerherrschaft erstmals wieder zur Einberufung der Generalstände, d.h. der beratenden Vollversammlung aus den drei Ständen der Geistlichkeit, des Adels und des Bürgertums. 17. 6. 89: Der seither benachteiligte Dritte Stand (das Bürgertum) erklärt sich zur Nationalversammlung, beschließt einen allgemeinen Streik gegen das herkömmliche Steuersystem der privilegierten ersten beiden Stände und macht künftige Steuererhebungen von seiner Einwilligung abhängig. 11. 7. 89: Entlassung des bürgerfreundlichen Finanzministers Necker durch den König, der die Privilegien von Geistlichkeit und Adel in Schutz nimmt; die empörte Bevölkerung verschafft sich Waffen. 14. 7. 89: Erstürmung der Bastille in Paris, mit nachfolgenden Bürgerrevolten in den Provinzstädten und gewalttätigen Aufständen der unterdrückten Bauern. 4. 8. 89: In einer Nachtsitzung der Nationalversammlung verzichten Vertreter des niederen Adels auf ihre Steuerprivilegien und Vertreter der Geistlichkeit auf den Kirchenzehnt; alle Sonderrechte sollen „auf dem Altar des Vaterlandes geopfert" werden. 5. 11. 89: Formelle Dekrete bestätigen die Abschaffung der Standesunterschiede, Vorrechte und Sonderrechte; alle Franzosen sollen demselben Steuersystem unterstellt werden. 26. 8. 89: Erklärung der Menschen- und Bürgerrechte nach amerikanischem Vorbild, eingegangen in die Revolutionsverfassung vom 3. 9. 91 mit dem Steuerartikel 13: „Für die Unterhaltung der öffentlichen Gewalt und für die Verwaltungsausgaben ist ein gemeinschaftlicher Beitrag unerläßlich; dieser soll unter alle Bürger des Staates im Verhältnis ihres Vermögens gleichmäßig verteilt werden."[185]

Hiernach bekannten sich die Revolutionäre vorweg zu Steuernotwendigkeit („unerläßlich") und gemeinschaftlicher Steuerpflicht, verbunden mit den Grundsätzen der Allgemeinheit der Besteuerung („gemeinschaftlich" und „alle"), der Leistungsfähigkeit („im Verhältnis ihres Vermögens") und der gleichmäßigen Lastenverteilung. Doch war die Zeit für eine demokratische Umsetzung dieser Ideen in die Praxis noch nicht reif. Die sich als „Volksvertreter" ausgebenden Mitglieder des Dritten Standes machten das mitbestimmende Wahlrecht der Bürger von der Bezahlung eines Mindestbetrages an direkter Steuer und eines gewissen Besitzstandes abhängig.[186] Für die bevormundeten untersten Volksschichten stand noch ein langer Kampf um die steuerpolitische Gleichberechtigung bevor.

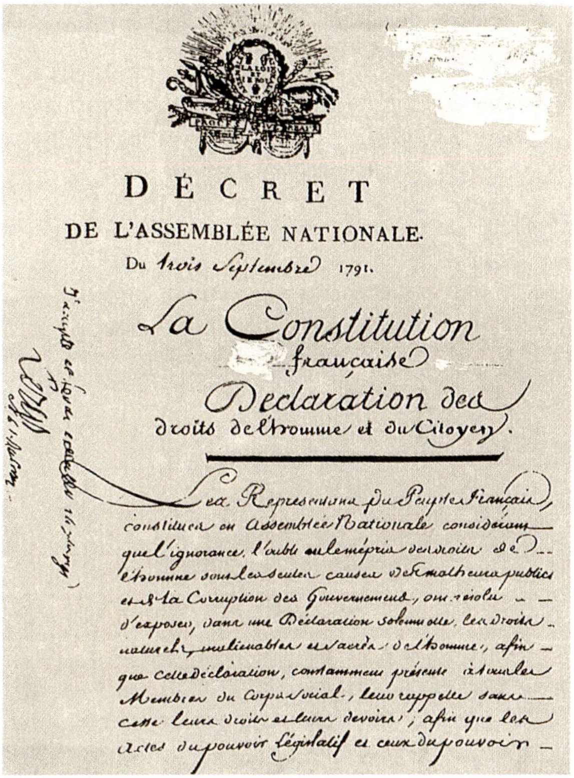

DÉCRET
DE L'ASSEMBLÉE NATIONALE.
Du trois Septembre 1791.

La Constitution française
Déclaration des droits de l'homme et du Citoyen.

Les Représentans du Peuple français, constitués en Assemblée Nationale considérant que l'ignorance, l'oubli ou le mépris des droits de l'homme sont les seules causes des malheurs publics et de la corruption des Gouvernemens, ont résolu d'exposer, dans une Déclaration solemnelle, les droits naturels, inaliénables et sacrés de l'homme, afin que cette déclaration, constamment présente à tous les Membres du Corps social, leur rappelle sans cesse leurs droits et leurs devoirs; afin que les actes du pouvoir législatif et ceux du pouvoir –

Kampf und Proklamation für Steuergleichheit

Links: Bauern vernichten Ende Juli 1789 Urkunden über ihre Feudallasten, die neben den wachsenden Staatssteuern unerträglich geworden waren. Zum Teil betrug die direkte Steuerquote 49–56,5 % des landwirtschaftlichen Ertrages und stieg zusammen mit den Feudalabgaben bis auf 80 % an.[187]

Rechts: Revolutionsverfassung von 1791 mit wegweisenden Steuerprinzipien, aber Beschränkungen des politischen Wahlrechtes.

Von „beschränkten Untertanen" zu wahlberechtigten Steuerbürgern

Der Weg des Steuerzahlers ins 19. und 20. Jahrhundert führte durch einen tiefgreifenden Wandel der staatlichen, wirtschaftlichen und gesellschaftlichen Strukturen mit einem verfassungspolitischen Schwerpunkt: der Emanzipation zum vollberechtigten Staats- und Steuerbürger.

Der aus Amerika und Frankreich kommende Ruf nach „Repräsentanten des Volkes" setzte Staatsverfassungen mit demokratischen Wahlrechtsgarantien voraus. Für Deutschland kündigte die Wiener Bundesakte von 1815 nur „landständische" Verfassungen an, wonach die Steuerzahler an Repräsentanten der „Stände" verwiesen wurden. Unter diesen rückte das gebildete Großbürgertum an die Spitze, das in den Einzelstaaten die Hauptlast der Steuern auf die „beschränkten Untertanen", den „Leib des Volkes", zu legen verstand.[188] Als sich die politischen Strömungen im Kampf um die Deutsche Reichsverfassung 1848/49 zu liberalen und demokratischen Parteien formierten, lief die Mehrheit der „unteren" Steuerzahler den Demokraten zu; sie drängten auf parlamentarische Steuerverweigerung als Gegengewicht zur immer noch halb absolutistischen Steuergewalt der Krone.[189] Nachdem das angestrebte Steuerentscheidungsrecht der Volksvertretung mit der ganzen Paulskirchenverfassung zu Fall kam[190] und der König von Preußen 1850 ein ständisches Dreiklassenwahlrecht durchsetzte, war die Konfrontation zwischen den bevorzugten oberen Klassen und der benachteiligten dritten Klasse von Steuerzahlern vorgezeichnet.[191] 1871 wurde zwar für die Mitglieder des neuen Reichstages ein allgemeines, gleiches und direktes Wahlrecht eingeführt, jedoch in der irrigen Annahme Bismarcks, der Einfluß der Konservativen mit ihrer Bevorzugung der indirekten Steuern würde gestärkt. Die anwachsende Industriearbeiterschaft wandte sich als Masse der Verbrauchsteuerzahler der Sozialdemokratie zu, die nach Abschaffung aller indirekten Steuern rief; sie trat für ein demokratisches Wahlrecht auch in den Bundesstaaten und Gemeinden ein, wo die Entscheidungen über die direkten Steuern fielen.[192] Für diese Linie bahnten sich gegen Ende des Ersten Weltkrieges Parteimehrheiten an, die unter dem revolutionären Druck von 1918 republikanische Verfassungen mit demokratischen Wahlrechtsgarantien in ganz Deutschland schufen. Die frei gewählten Volksvertreter bekannten sich in der Weimarer Reichsverfassung von 1919 zur Gleichheit aller Deutschen vor dem Gesetz und konkretisierten diesen Grundsatz in Art. 134: „Alle Staatsbürger ohne Unterschied tragen im Verhältnis ihrer Mittel zu allen öffentlichen Lasten bei."

Damit schien für alle Steuerzahler das Ende der obrigkeitsstaatlichen Bevormundung und der ständegesellschaftlichen Klassifizierung gekommen zu sein. Von jetzt an sollte es jedem Steuerbürger offenstehen, nach demokratischen Spielregeln an der Gestaltung der Steuergesetze mitzuwirken.

Steuertag und Wahltag

Oben: Steuerzahler dritter Klasse in der Stube des Steuereinnehmers. Nach einem Gemälde von David Wilkle, um 1850.

Unten: Stimmabgabe der besitzenden Oberschicht, die beim Dreiklassenwahlrecht bis 1918 privilegiert war. Zeichnung von 1887 (Staatsbibliothek Preußischer Kulturbesitz, Berlin).

Die Steuerbürger und ihre Volksvertreter in der Weimarer Republik

Die Geburtsstunde des mündigen Steuerbürgers fiel in Deutschland mit der Finanzkatastrophe nach dem verlorenem Weltkrieg zusammen. Dem Volumen des letzten Friedensetats von 1913 stand 1919 eine Reichsschuldenlast aus Kriesganleihen und Reparationsverpflichtungen in hundertfacher Größe gegenüber. Die Folge war ein Steuerbedarf ungeahnten Ausmaßes. Wie sollten sich nun die mitbestimmungsberechtigten Steuerzahler verhalten? Die Masse war steuerpolitisch ratlos; die Entscheidungslast fiel ihren Volksvertretern zu.[193]

Zunächst versuchte der Reichstagsabgeordnete Matthias Erzberger, der 1919 das unpopuläre Amt des Reichsfinanzministers übernahm, mit einer großangelegten Finanzreform die Misere zu überwinden. Die Parlamentsmehrheit – jetzt als Vertretung auch der Steuerzahlermehrheit – stimmte notgedrungen seinen 16 neuen Steuergesetzen mit ihren gewaltigen Mehrbelastungen zu. Sie brachten eine deutliche Gewichtsverlagerung von den indirekten auf die direkten Steuern, eine sprunghafte Verdoppelung der Steuerquote, ja bei der Einkommensteuer einen Anstieg des Spitzensteuersatzes um das 15fache der Vorkriegszeit (von 4% auf 60%). Es gab jetzt zwei neue Gruppen von Massensteuerzahlern: Die Einkommen- und Lohnsteuerzahler sowie die Umsatzsteuerzahler. Sie waren die Zielscheibe von fanatischen Gegnern der jungen Republik, unter denen besonders die Anhänger von Hitlers Nationalsozialistischer Deutscher Arbeiterpartei öffentlich zum „allgemeinen Steuerstreik gegen den heutigen Finanzbolschewismus" aufriefen.[194] Die Aktionen machten eine eigene Strafvorschrift gegen die Aufforderung und Anreizung zur Steuersabotage notwendig.[195] Ruhrbesetzung und totale Inflation brachten neue Lasten. Bittere Notlagen führten zu lokalen Steuerprotesten[196], die von Parteivertretern bald auch wahltaktisch ausgenutzt wurden. So stachelten im Ringen um die Wählergunst Vertreter des Zentrums und der Deutschnationalen Volkspartei die verzweifelten Moselwinzer 1926 zu Protesten gegen die Weinsteuer und die Anhebung von Weinausfuhrzöllen an, worauf eine aufgebrachte Gruppe das Finanzamt Bernkastel und das Zollamt Cues stürmten.[197] In Schleswig setzte das Landvolk „Nothilfeausschüsse" ein; sie sollten u.a. Steuerbescheide überprüfen, gegen „rücksichtslose Steuereintreibung" vorgehen und die gewählten Vertreter des Volkes für Abhilfe gewinnen.[198]

Den nachhaltigsten Einfluß auf die Masse der Steuerzahler verschafften sich die geschulten Agitatoren Hitlers. Nach Ausbruch der Weltwirtschaftskrise von 1929 verkündeten sie als Sofortforderung ihrer Partei: „Durchgreifende Umgestaltung des Steuerwesens nach sozialen, volkswirtschaftlichen Grundsätzen, Befreiung der Verbraucher von der Last der indirekten Steuen, sowie der Erzeuger von einengenden Steuern (Steuerverbesserung und Steuerbefreiung)."[199] Ihre Wahlplakate zeigten das steuerzahlende Volk als Ausgehungerte mit der Aufschrift: „Unsere letzte Hoffnung: Hitler!"

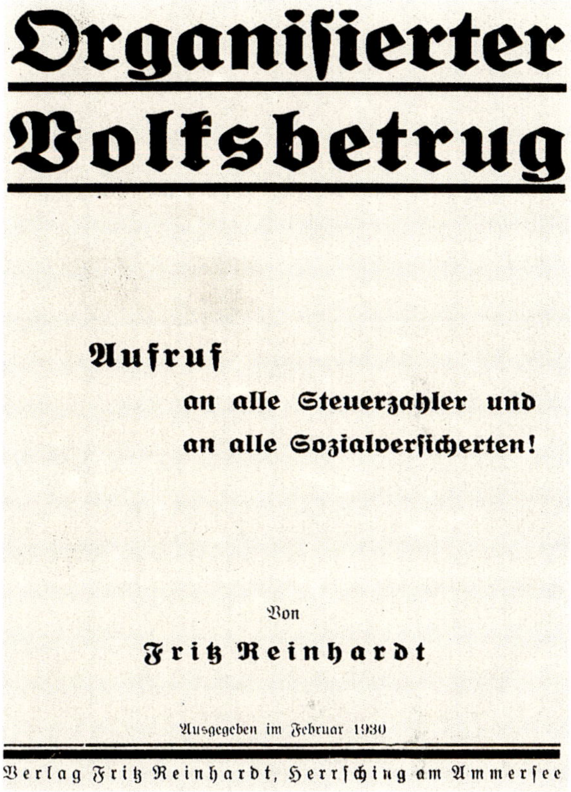

Organisierter Volksbetrug

Aufruf

an alle Steuerzahler und
an alle Sozialversicherten!

Von

Fritz Reinhardt

Ausgegeben im Februar 1930

Verlag Fritz Reinhardt, Herrsching am Ammersee

Steueraufstand und Demagogie

Links: Aus einer Winzerversammlung der Zentrumspartei löst sich eine randalierende Gruppe, stürmt das Finanzamt Bernkastel und wirft Steuerakten auf den Scheiterhaufen. 25. Februar 1926.

Rechts: Hetzschrift gegen die Weimarer Steuerpolitik von Fritz Reinhardt, damals Reichstagsabgeordneter der NSDAP und Leiter der Rednerschule der Hitlerpartei (von 1933–1945 Staatssekretär des Reichsfinanzministeriums in Berlin). Februar 1930.

Die Steuervolksgenossen im Griff des Hitlerregimes

Was Millionen gutgläubiger Steuerzahler in Deutschland an Verbesserungen durch Hitlers Machtergreifung erhofften, schien sich für die Mehrheit zunächst zu erfüllen. Durch zügige Sofortmaßnahmen kamen 1933 viele in den Genuß spektakulärer Steuerentlastungen.[200] Doch gleichzeitig setzte eine politische Entrechtung ein, die aus kritischen Steuerbürgern blind gehorsame Steueruntertanen machen wollte, denen am Ende die höchste Schuldenlast der deutschen Finanzgeschichte aufgebürdet wurde.

Die Degradierung des Steuerbürgers begann mit dem Ermächtigungsgesetz vom 24. März 1933: Aufhebung der maßgeblichen Grundrechte mit Beseitigung des freien Wahlrechts, Ausschaltung der Volksvertreter von der Steuergesetzgebung, Unterbindung öffentlicher Steuerkritik durch Abschaffung der Meinungs- und Pressefreiheit, Konzentration der Steuergewalt in der Alleinherrschaft des Führers, der die Besteuerung durch diktatorische Regierungsgesetze nach nationalsozialistischer Weltanschauung bestimmt. Den augenfälligen Steuererleichterungen folgte eine verschärfte Steuererhebung. Gemäß der parteipolitischen Kampfparole „Gemeinnutz geht vor Eigennutz" wurden die Steuervolksgenossen zu erhöhtem Pflichtbewußtsein aufgerufen[201], und säumigen Steuerzahlern wurde die Veröffentlichung ihrer Namen und der Höhe ihrer Steuerrückstände angedroht.[202] Während die Masse der Steuerzahler hiernach zu handeln bereit war, entzog sich der Führer mit seinen aus dem Buch „Mein Kampf" und aus dem „Recht am Bilde" erworbenen Millionen insgeheim der Steuerpflicht.[203] Für einige Prominente wurden erhebliche Steuerprivilegien gewährt.[204] Auf der anderen Seite ging der NS-Staat gegen ihm unliebsame Einrichtungen – wie die wirtschaftlichen Betriebe der Kirchen – durch manipulierte Steuererhöhungen vor.[205] Das bitterste Unrecht hatten die Steuerzahler jüdischer Abstammung zu erleiden; um ihren wirtschaftlichen Ruin zum Vorteil der „Herrenrasse" herbeizuführen; belegte man sie mit ungeheueren Sondersteuern.[206]

Was die Steuerzahler nicht durchschauen konnten, war die „geräuschlose" Verschuldung des Reiches zu ihren Lasten. Im „Vorgriff auf künftige Steueraufkommen" erfolgten Schuldverschreibungen des Staates u.a. in Form von „Steuergutscheinen".[207] Als diese Aktion infolge des Kriegsausbruches von 1939 nicht mehr ausreichte, bekamen die Steuerzahler die wahre Schlagkraft der diktatorischen Steuerpolitik zu spüren: Kriegszuschläge zur Einkommensteuer und zu den Verbrauchsteuern von 20–200%; enorme Tributforderungen in den besetzten Gebieten zur Umverteilung auf die unterworfenen Steuerzahler. Halb Europa stürzte in eine verheerende Schuldknechtschaft.[208] Was Hitlers totalitäres Regime im Finanzbereich hinterließ, waren Geldverfall und steuerliche Folgelasten auf Generationen hinaus: eine ständige Mahnung für die Staats- und Steuerbürger von heute und morgen.

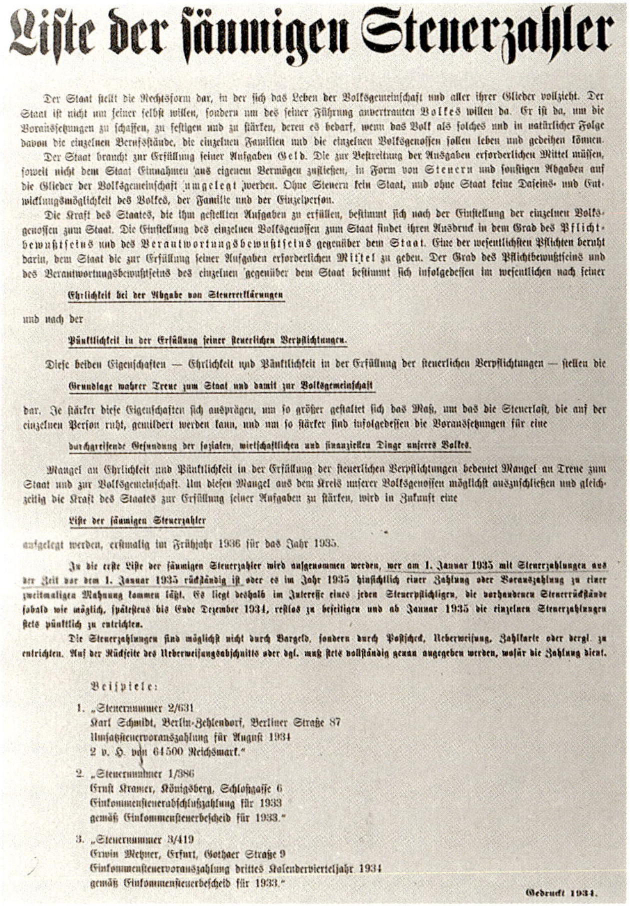

Liste der säumigen Steuerzahler

Der Staat stellt die Rechtsform dar, in der sich das Leben der Volksgemeinschaft und aller ihrer Glieder vollzieht. Der Staat ist nicht um seiner selbst willen, sondern um des seiner Führung anvertrauten **Volkes** willen da. Er ist da, um die Voraussetzungen zu schaffen, zu festigen und zu stärken, deren es bedarf, wenn das Volk als solches und in natürlicher Folge davon die einzelnen Berufsstände, die einzelnen Familien und die einzelnen Volksgenossen sollen leben und gedeihen können.

Der Staat braucht zur Erfüllung seiner Aufgaben **Geld**. Die zur Bestreitung der Ausgaben erforderlichen Mittel müssen, soweit nicht dem Staat Einnahmen aus eigenem Vermögen zufließen, in Form von **Steuern** und sonstigen Abgaben auf die Glieder der Volksgemeinschaft **umgelegt** werden. Ohne Steuern kein Staat, und ohne Staat keine Daseins- und Entwicklungsmöglichkeit des Volkes, der Familie und der Einzelperson.

Die Kraft des Staates, die ihm gestellten Aufgaben zu erfüllen, bestimmt sich nach der Einstellung der einzelnen Volksgenossen zum Staat. Die Einstellung des einzelnen Volksgenossen zum Staat findet ihren Ausdruck in dem Grad des **Pflichtbewußtseins** und des **Verantwortungsbewußtseins** gegenüber dem **Staat**. Eine der wesentlichsten Pflichten beruht darin, dem Staat die zur Erfüllung seiner Aufgaben erforderlichen **Mittel** zu geben. Der Grad des Pflichtbewußtseins und des Verantwortungsbewußtseins des einzelnen gegenüber dem Staat bestimmt sich infolgedessen im wesentlichen nach seiner

Ehrlichkeit bei der Abgabe von Steuererklärungen

und nach der

Pünktlichkeit in der Erfüllung seiner steuerlichen Verpflichtungen.

Diese beiden Eigenschaften — Ehrlichkeit und Pünktlichkeit in der Erfüllung der steuerlichen Verpflichtungen — stellen die

Grundlage wahrer Treue zum Staat und damit zur Volksgemeinschaft

dar. Je stärker diese Eigenschaften sich ausprägen, um so größer gestaltet sich das Maß, um das die Steuerlast, die auf der einzelnen Person ruht, gemildert werden kann, und um so stärker sind infolgedessen die Voraussetzungen für eine

durchgreifende Gesundung der sozialen, wirtschaftlichen und finanziellen Dinge unseres Volkes.

Mangel an Ehrlichkeit und Pünktlichkeit in der Erfüllung der steuerlichen Verpflichtungen bedeutet Mangel an Treue zum Staat und zur Volksgemeinschaft. Um diesen Mangel aus dem Kreis unserer Volksgenossen möglichst auszuschließen und gleichzeitig die Kraft des Staates zur Erfüllung seiner Aufgaben zu stärken, wird in Zukunft eine

Liste der säumigen Steuerzahler

aufgelegt werden, erstmalig im Frühjahr 1936 für das Jahr 1935.

In die erste Liste der säumigen Steuerzahler wird aufgenommen werden, wer am 1. Januar 1935 mit Steuerzahlungen aus der Zeit vor dem 1. Januar 1935 rückständig ist oder es im Jahr 1935 hinsichtlich einer Zahlung oder Vorauszahlung zu einer zweitmaligen Mahnung kommen läßt. Es liegt deshalb im Interesse eines jeden Steuerpflichtigen, die vorhandenen Steuerrückstände sobald wie möglich, spätestens bis Ende Dezember 1934, restlos zu beseitigen und ab Januar 1935 die einzelnen Steuerzahlungen stets pünktlich zu entrichten.

Die Steuerzahlungen sind möglichst nicht durch Bargeld, sondern durch Postscheck, Ueberweisung, Zahlkarte oder dergl. zu entrichten. Auf der Rückseite des Ueberweisungsabschnitts oder dgl. muß stets vollständig genau angegeben werden, wofür die Zahlung dient.

Beispiele:

1. „Steuernummer 2/631
   Karl Schmidt, Berlin-Zehlendorf, Berliner Straße 87
   Umsatzsteuervorauszahlung für August 1934
   2 v. H. von 64500 Reichsmark."
2. „Steuernummer 1/386
   Ernst Kramer, Königsberg, Schloßgasse 6
   Einkommensteuerabschlußzahlung für 1933
   gemäß Einkommensteuerbescheid für 1933."
3. „Steuernummer 3/419
   Erwin Metzner, Erfurt, Gothaer Straße 9
   Einkommensteuervorauszahlung drittes Kalendervierteljahr 1934
   gemäß Einkommensteuerbescheid für 1933."

Gedruckt 1934.

1000 RM 1000 RM

Serie 1 D·0030823

Steuergutschein II

über

Eintausend

Reichsmark

einlösbar ab dem Monat August 1942

Dieser Steuergutschein II wird von den Finanzkassen und Zollkassen des Reichs von dem oben bezeichneten Monat ab zum Betrag von 1120 Reichsmark bei der Entrichtung von Reichssteuern in Zahlung genommen.

Berlin, 24. März 1939

Der Reichsminister der Finanzen

Graf Schwerin v. Krosigk

Säumige Steuerzahler und Kriegsfinanzierung

Aushang in den Finanzämtern mit Androhung der Veröffentlichung von Namen und Rückständen unpünktlicher Steuerzahler. Gedruckt 1934.

Steuergutschein, der nach einer Sperrfrist bis zu 3 Jahren bei der Entrichtung von Reichssteuern von den Finanz- und Zollkassen in Zahlung genommen wurde. Ausgabe 1939.

Der heutige Steuerbürger im demokratischen Rechtsstaat

Belehrt durch die Schwächen der Weimarer Reichsverfassung und das Unheil des Hitlerregimes, sind die Väter des Bonner Grundgesetzes von 1949 für ein Höchstmaß an Rechtsschutz des Bürgers gegenüber der Staatsgewalt eingetreten. Zum ersten Mal in der deutschen Geschichte wird der Steuerbürger seither durch direkte Grundrechtsgarantien geschützt, die sich an der Menschenwürde orientieren. Der untertänige Lastenträger des Willkür- und Obrigkeitsstaates ist zum anerkannten Menschenrechtsträger aufgestiegen. Seine übegeordneten Grundrechte binden Steuergesetzgebung, Steuerverwaltung und Steuerrechtsprechung als unmittelbar geltendes Recht. Jeder kann heute über sein Recht auf Meinungsfreiheit, Versammlungsfreiheit, Vereinigungsfreiheit, sein Petitionsrecht und sein politisches Wahlrecht an der steuergesetzlichen Willensbildung mitwirken. Wer in seinen steuerlichen Individualrechten verletzt wird, kann unabhängige Finanzgerichte anrufen und bei Grundrechtsverstößen den Schutz des Bundesverfassungsgerichts begehren. Er kann die Hilfe eines Angehörigen der steuerberatenden Berufe in Anspruch nehmen, die dank ihres heutigen Berufsgesetzes als unabhängige Organe der Steuerrechtspflege dem Primat der Rechtssouveränität verpflichtet sind.[209] Kritiker, Publizisten, Sachverständige und Fachgelehrte können in freier Rede, in freier Presse und in freiem Geist ihre Ansichten zum Steuerrecht oder -unrecht und ihre Verbesserungsvorschläge kundtun. Alle Unzufriedenen und Hilfesuchenden können sich ungehindert organisieren, um ihre speziellen Interessen als Steuerzahler zur Geltung zu bringen. Bei allen Schwächen des heutigen Steuersystems darf dieses geschichtliche Fundament nicht aus den Augen verloren werden: „Nie gab es auf deutschem Boden einen besseren Schutz der Freiheitsrechte des Bürgers als heute. Ein dichtes soziales Netz, das den Vergleich mit keiner anderen Gesellschaft zu scheuen braucht, sichert die Lebensgrundlage der Menschen."[210]

Freilich, für die Masse der Steuerzahler sind die Steuerformulare und die wuchernden Steuervorschriften ein Schreckgespenst geworden, dem sich der einzelne ohnmächtig ausgeliefert fühlt. Das darf aber nicht zu einer Staatsverdrossenheit führen, sondern ist eine Herausforderung an alle demokratischen Kräfte, sich in Selbstdisziplin und Toleranz ständig von neuem um das gemeinsame Bürgerziel zu bemühen: eine möglichst perfekte Steuerordnung zu schaffen, mit sachgerechten Regeln, verständlich und überschaubar, gemessen mit den Wertmaßstäben der Steuergerechtigkeit.[211] Guten Gewissens kann nur derjenige einen „optimalen" Staat fordern, der selber „optimale" Bürgerleistungen erbringt. Wir erinnern uns dabei an jenes Grundprinzip der Gegenseitigkeit, dem zu Beginn der Steuergeschichte von unten die gesellschaftlichen Fürsorge-, Opfer- und Steuerleistungen als Bindemittel menschlichen Gemeinschaftslebens entsprungen sind.

Sinnbild des gesellschaftlichen Grundprinzips der Gegenseitigkeit

Der Mensch als Gemeinschaftswesen – ob Staatsbürger oder Vertreter der Staatskasse – nimmt mit der einen Hand ein und gibt mit der anderen aus. Darauf gründet sich der ausgleichende Satz römischer Rechtsgelehrter: „Do ut des“ = Ich gebe, damit du gibst. Auch der Staat kann nur dann bestmögliche Leistungen vollbringen, wenn ihm der Bürger bestmögliche Leistungen gibt.

Mosaik an den Finanzämtern -Ost und -West in Nürnberg, von Kunstmaler Eitel Klein, 1954.

Organisierte Steuerzahler in der freien Welt

Bei allen Vorzügen der Demokratie weist der pluralistische Parteien- und Verbändestaat im Finanzwesen Schwachstellen auf, die der einzelne Staatsbürger nicht ändern kann.[212] Hier sind bürgschaftliche Gemeinschaftsaktivitäten gefragt, die das öffentliche Finanz- und Steuergeschehen in allen Phasen und an allen Orten laufend überwachen.

In diesem Sinne haben sich schon Ende des vorigen Jahrhunderts in den USA und während des Ersten Weltkrieges in Schweden größere Gruppen von Steuerzahlern zu Kampfgemeinschaften zusammengeschlossen. In Deutschland formierte sich erstmals 1949 eine Bürgerinitiative zur organisierten Steuerzahlerbewegung, die sich seither als „Bund der Steuerzahler" bundesweit der bürokratischen Fiskalität entgegenstellt.[213] Der politisch unabhängige Selbst- und Fremdhilfeverband hat sich die Aufgabe gestellt, eine öffentliche und wissenschaftlich untermauerte Kontrolle jener staatlichen Organe wahrzunehmen, die über Steuergesetze beschließen, Steuern erheben oder das Steueraufkommen wieder ausgeben. Aus der Reihe seiner engagierten Präsidenten greifen wir beispielhaft zwei Persönlichkeiten heraus, die der deutschen Steuerzahlerbewegung ihr geistvoll-kämpferisches Gepräge gegeben haben: Prof. Dr. Karl Bräuer (von 1950–1964), „dem der Bund der Steuerzahler Wahrheit und Tiefe verdankt", und Prof. Dr. Willy Haubrichs (1971–1982), dem er „das wachsende Kostenbewußtsein der öffentlichen Hand und seine Ausstrahlung bis hinein in die letzte Hütte und in alle Amtsstuben verdankt".[214] Frei von parteipolitischer und ideologischer Bindung haben sie unter Aufrüttelung der Öffentlichkeit die Verantwortlichen immer wieder zum Handeln, zum Korrigieren und zum Verbessern gezwungen, beginnend mit der Offenlegung der „geheimen" Haushaltspläne von Bund, Ländern und Gemeinden, dem Abbau obrigkeitstaatlichen Denkens, der Drosselung von Staatsausgaben, der Senkung der Steuerlast, der Anprangerung von Steuerverschwendungen, der Gewährleistung fairer Betriebsprüfungen, der Neuordnung der Finanzgerichtsbarkeit bis zu den anhaltenden Forderungen nach einer Reform des ganzen Steuersystems und der Vereinfachung des gesamten Steuerrechts.

Vieles ist in den letzten Jahrzehnten an der Basis der Steuerzahlerschaft erreicht worden, doch nicht weniger bleibt – schon im Blick auf die zunehmenden übernationalen Steuerbedürfnisse – noch zu tun. Inzwischen ist der ganze Westen mit einem Netz von Steuerzahlerverbänden überspannt, die heute zu den elementaren Mitgaranten der freiheitlichen Staatenwelt gehören. Ihre demokratische Schutz- und Trutzfunktion ist die Krönung der fünftausendjährigen Steuergeschichte „von unten" und bietet eine realistische Chance zur schrittweisen Durchsetzung der noch ausstehenden Steuerverbesserungen „von oben".

Prof. Dr. Karl Bräuer, Mitbegründer des Bundes der Steuerzahler und dessen Präsident von 1950–1964.

Prof. Dr. Willy Haubrichs, Präsident des Bundes der Steuerzahler von 1971–1982.

Karikaturen aus „Der Steuerzahler" 1950. „Haushaltspläne?? Kommt gar nicht in Frage!"

„Fata Morgana – Steuerreform".
(Fotos: Präsidium des Bundes der Steuerzahler, Wiesbaden)

Rebellische Steuerparteien der jüngsten Zeit

Das Steuergeschehen in der freien Welt ist zuletzt von einer neuen Widerstandsform heimgesucht worden: dem parteipolitischen Zusammenschluß von Steuerrebellen unterschiedlicher Couleur.

Der erste spektakuläre Versuch dieser Art ging von dem Papier- und Buchladenbesitzer Pierre Poujade aus, der 1953 eine „Union zur Verteidigung der Händler und Handwerker Frankreichs" gründete und 1956 bei den Wahlen zur französischen Nationalversammlung 11,6% der abgegebenen Stimmen erhielt.[215] Sein Parteiprogramm sah u.a. eine Steueramnestie, eine einheitliche Basissteuer und die völlige Abschaffung von Steuerprüfungen vor. Die „Poujadisten" drückten angesichts wirtschaftlicher Strukturveränderungen zum Teil berechtigte Ängste des Kleingewerbes aus, zerrieben sich aber durch innere Streitigkeiten mit extremistischen Forderungen und faschistischen Tendenzen; sie verschwanden 1962 wieder aus dem Parlament. Nicht weniger Aufsehen hat der Kopenhagener Advokat Mogens Glistrup erregt, der nach einem Fernsehauftritt von 1971 als Nullsteuerzahler zur Gründung einer möglichst steuervermeidenden „Fortschrittspartei" ermuntert wurde. Mit der Verheißung verlockender Steuererleichterungen gewann er einen ungeahnten Zulauf von Wählern, die in Dänemark unter einer Steuerprogression bis zu 69,66% stöhnten. Er galt als der wandelnde Protest gegen ein starres, bürokratisches Steuersystem, das nur den Trickreichen Schlupflöcher läßt. Von Gegnern als „rechts außen" disqualifiziert und auch innerparteilich angegriffen, sind ihm besonders grobe Steuerhinterziehungen nachgewiesen worden, für die er 1983 vom höchsten Gericht des Landes neben einer hohen Geldstrafe zu 3 Jahren Gefängnis ohne Bewährung verurteilt wurde. Zwischendurch war 1977 in Berlin eine „Deutsche Fortschrittsbewegung" mit wohlklingenden Steuerplänen vorübergehend ins Leben gerufen worden. Eine deutsche Steuerpartei eigener Art, die kurzlebig 1979/80 unter Hermann Fredersdorf als „Bürgerpartei" antrat, distanzierte sich von staatsgefährdenden Steuerverweigerungen; sie strebte die parlamentarische Durchsetzung derjenigen Bürgerinteressen speziell auch im Steuerbereich an, die ihrer Meinung nach von den etablierten Parteien sträflich vernachlässigt werden.[216]

Auch wenn diese Bewegungen gescheitert sind, erscheinen sie doch vielen als ein Symptom für die Unzulänglichkeit unserer Parteienlandschaft. Hinter den „rebellischen" Zielsetzungen verbergen sich allgemeine Grundanliegen der Bürgerschaft: Unser Steuersystem muß verbessert, das Steuerdikkicht gelichtet, der Formularwust vereinfacht, die Ausgabenflut gestoppt und die Steuerlast gerechter verteilt werden. Das sind Belange, die offensichtlich nicht von einer steuerrebellischen Minderheit durchgesetzt werden können. Vor allem das Ausgabengebaren und die Steuergerechtigkeit hängen von der Politik der Mehrheitsparteien ab. So kommt es darauf an, unsere Forderungen mehrheitsfähig zu machen, etwa über Bürgerinitiativen wie dem Bund der Steuerzahler und durch alle Parteien bis zum Steuergesetzgeber im Parlament.

„Steuerrebellen" als Parteigründer

Oben: Poujade auf einer Parteiversammlung in Paris am 24. Jan. 1955.

Unten: Glistrup (Mitte) nach seiner Verurteilung wegen Steuerhinterziehung in Kopenhagen am 22. Juni 1983. (Fotos: dpa).

FAUT

Der Steuerrebell in uns selbst

Wer möchte allen Ernstes das Rad der „Steuergeschichte von unten" unter Preisgabe unserer freiheitlichen Verfassung zurückdrehen? Das könnten wohl nur Machtgierige oder Privilegienjäger sein, die über das Gros der staatlichen Lastenträger triumphieren wollten. Gewiß wird es auch Hitzköpfe und Utopisten geben, die mit Hilfe militanter Steueraufstände eine heilere Welt schaffen möchten. Ernster zu nehmen sind Idealisten, die sich fragen, ob sie ihre Steuer oder einen Teil davon – etwa für die Rüstung – aus Gewissensgründen verweigern sollen.[217] Bei manchen von ihnen wird man an die Fangfrage der Pharisäer erinnert, ob es erlaubt sei, dem Kaiser Steuern zu zahlen. Die bekannte Antwort Jesu sprach den materiellen Steueranspruch uneingeschränkt dem Kaiser zu; nur der immaterielle Gottesanspruch wurde dem Kaiser verwehrt. Wer heute unter Berufung auf die Menschenrechte am demokratisch zustande gekommenen Steuergebot rütteln will, wird vom Kaiser – der Mehrheit des Volkes – auf den verfassungsmäßigen Willensbildungsprozeß verwiesen.

Freilich, vom unteren Blickfeld aus hängt unsere geschichtliche Sympathie in vielem mehr an den Steuerrebellen als an der steuerheischenden Obrigkeit. Waren es früher Steuerwillkür und Habsucht herrschender Schichten, gegen die wir uns rückschauend aufbäumen, so ist es heute ein verwirrendes Knäuel von Steuerpflichten, die unwillkürliche Abwehrreflexe auslösen. Vorgelagert ist unser Selbsterhaltungstrieb, der schlechte wie gute Steuern als einen Angriff auf unser natürliches Besitz- und Erwerbsstreben empfinden läßt und sich in unserer eigenen Brust nur allzu leicht zur „Steuerrebellion" entlädt.[218]

Offenbar hat es noch keine Generation vor uns zu einer makellosen Steuerordnung gebracht. Wer erkennt, daß wir im Wandel der Zeiten als Menschen nicht anders und nicht besser geworden sind, wird nicht der Illusion eines perfekten und endgültig richtigen Steuerrechts nachjagen. Das enthebt uns aber nicht der staatsbürgerlichen Mitverantwortung, immer wieder nach besseren Steuereinrichtungen und nach mehr Steuergerechtigkeit zu streben.[219] Hierbei sind wir auf die rechte Wahl und Beeinflussung avantgardistischer Politiker angewiesen, die unsere Steuerhoffnungen von unten nach oben durchzusetzen vermögen. Was von den wechselnden Steuerobrigkeiten in der Vergangenheit gewirkt, verfehlt, versäumt und geschaffen worden ist, das soll in einem weiteren Band gesondert dargestellt werden.[220]

„Steuerrebellion" in unserer Brust

Steuerpsychologisches Spiegelbild des berühmten Laokoon-Denkmals im Vatikan: Wie der trojanische Priester und seine Söhne sich einst gegen die Schlangen Apollos zur Wehr setzten, so stellt sich der Zeichner überspitzt unsere Reaktion auf die moderne Besteuerung (Taxation) vor.
Anonyme Karikatur aus der internationalen Steuerzahlerbewegung des 20. Jahrhunderts.

TAXATION
TAXATION
TAXATION

Anhang

Anmerkungen mit Schrifttum

1 Soweit ersichtlich, liegt noch keine umfassende Spezialuntersuchung zur Genesis des Steuerzahlers vor. Unser Versuch eines kurzgefaßten Überblickes stützt sich auf die nachfolgend vermerkten Quellen und Schriften. Den fachwissenschaftlichen Rahmen verdanken wir insbesondere den Beiträgen zur Geschichte der öffentlichen Finanzwirtschaft im Handbuch der Finanzwissenschaft 2. und 3. Aufl., Tübingen 1952 und 1977, sowie den Beiträgen zur Geschichte der Besteuerung und zur Steuerrechtsgeschichte im Handwörterbuch des Steuerrechts und der Steuerwissenschaften, 2. Aufl., München 1981. = HwStR.

2 Zum Stand der Forschung aus rechtsethnologischer Sicht: Uwe Wesel, Frühformen des Rechts in vorstaatlichen Gesellschaften, Frankfurt a.M., 1985.

3 Zur Entstehung erzwingbarer „Abgaben" aus ursprünglich freiwilligen „Dargaben" vgl. Wilhelm Gerloff, Die öffentliche Finanzwirtschaft, Frankfurt a.M. 1942, 2. Aufl. 1948, fortgeführt im: Handbuch der Finanzwissenschaft, 2. Aufl., Tübingen 1952, S. 202 ff. Diese Arbeit ist für die finanzwissenschaftliche Durchleuchtung der ethnologischen Forschungsergebnisse wegweisend.

4 Von Herbert Kühn, Der Aufstieg der Menschheit, Frankfurt a.M. 1954, Tafel 9, als „Betender mit Opferlamm" gedeutet. Bilder und Texte zur Ur- und Frühgeschichte aus dem Blickfeld des steuerfachlichen Rechnungswesens: Pausch, Vom Beutesymbol zur Steuerbilanz, Köln 1982, S. 14 ff.

5 Dazu und für den ganzen Alten Orient: Handbuch der Orientalistik, hrsg. von Berthold Spuler, vor allem Bd. II, 3: „Geschichte des Alten Vorderasien" von Hartmut Schmökel, Leiden 1957, und Ergänzungsband III „Orientalisches Recht", Abschnitt „Keilschriftrecht", von V. Korsac, Leiden/Köln 1964.

6 Vgl. Samuel N. Kramer, Geschichte beginnt mit Sumer, München 1959, S. 15, 72 ff.; André Parrot, Sumer, München 1960, S. 94 ff.; Helmut Uhlig, Die Sumerer, München 1978, S. 80 ff.

7 Über die Zusammenhänge von Recht und Religion in den frühen Kulturen im Blick auf das Prinzip der Gegenseitigkeit vgl. Wolfhart Pannenberg, Recht und Religion, in: Beiträge zur Rechtsanthropologie, hrsg. von Ernst-Joachim Lampe, Stuttgart 1985, S. 48 ff. Zur „Goldenen Regel" in der Bibel vgl. A. Pausch, Mehr Steuergerechtigkeit mit Hilfe der Bibel?, StuW 1982, S. 107 f.; A. u. J. Pausch, DIe Goldene Regel der Bergpredigt, in: Steuern in der Bibel, Köln 1986, S. 92 f.

8 Der Sumerologe S. N. Kramer gibt dem Original in seinem zit. Buch (oben Anm. 6, Abb. 45) die Überschrift: „Der Göttin werden Opfergaben dargebracht."

9 Diese Ursprungsperiode der Steuerpflicht ist wie viele Strecken der Antike steuerfachlich noch nicht systematisch erforscht. Die Altorientalisten erwähnen Steuerfragen meist nur am Rande, so daß weithin noch Vermutungen vorherrschen. Adolf Wagner, Steuergeschichte vom Altertum bis zur Gegenwart, Leipzig 1910 (Neudruck 1973) beginnt erst mit Griechenland und Rom. Zu neueren Stellungnahmen der Finanzwissenschaft mit Hinweisen auf die Frühformen der Besteuerung rund um den „Tempel, als Staat im Staate" beachte: Karl Häuser, Opfer und Steuer, in: Mit dem Zehnten fing es an, hrsg. von Uwe Schultz, München 1986, S. 13, 16 ff.; ders. in Hdb. Fin. Wiss. (Anm. 1, 3. Aufl. 1977, S. 4 ff.) mit weiteren Fundstellen. – Einen „ersten orientierenden Überblick über das Finanzwesen im Altertum" versucht Wolfgang Boochs, Die Finanzverwaltung im Altertum, St. Augustin 1985. – Über die Anfänge der Staatlichkeit aus dem Blickfeld des Staatsrechtslehrers vgl. Friedrich Berber, Das Staatsideal im Wandel der Weltgeschichte, 2. Aufl., München 1978, S. 9 ff. – Eine knappe Zusammenfassung der Ergebnisse der Altertumswissenschaft bietet Ernst Meyer, Einführung in die antike Staatskunde, 4. Aufl., Darmstadt 1980.

10 Uruk heißt arabisch Warka, so daß heute auch von den „Warka-Ausgrabungen" gesprochen wird. Hebräisch „Erech" genannt, taucht der Ort im Alten Testament als eine urzeitliche Stadt nach der Sintflut auf, die in der Nachkommenschaft Noahs zum Reich des Nimrod gehörte (Genesis 10,8–10). Die Bibel erwähnt Erech auch noch für die persische Zeit in einem Brief an Artaxerxes (Esra 4,9). Parrot (Anm. 6, S. 278) bringt die Wandmalereien im Königspalast von Mari (18. Jahrhundert v. Chr.) mit dem Garten Eden und den Paradiesflüssen des 1. Buches Mose in Verbindung.

11 Heinrich J. Lenzen vom Deutschen Archäologischen Institut in Bagdad setzt die frühesten Schriftdokumente auf etwa um 3200 v. Chr. an, in: Schätze aus dem Irak, Ausstellungskatalog Köln 1964, S. 16. – C. Webber und A. Wildawsky datieren die ältesten Steuerbelege („tax receipts") aus Sumer auf „about 3500 B.C." in: A History of Taxation and Expenditure in the Western World, New York, 1986, S. 41, 299.

12 Korosec (Anm. 5), S. 57, 60; Richard Haase, Einführung in das Studium keilschriftlicher Rechtsquellen, Wiesbaden 1965, S. 36 ff.

13 Max Weber, zit. nach Wesel (Anm. 1), S. 23–25.

14 Als weiteren Band bereiten wir eine „Kleine Steuergeschichte von oben" mit Blick auf die „Steuerobrigkeiten" vor.

15 Reallexikon der Vorgeschichte, hrsg. von Max Ebert, 13. Bd., Berlin 1929, S. 433 ff., wo die „gefüllte Vase" als umfassendes Zeichen für „Tribut" erklärt wird, worunter auch „Steuerleistungen" und „Arbeitsleistungen" verstanden werden. – Beispiele von den ersten Buchführungstafeln aus Uruk mit Schriftzeichen für „Viehsteuer" und Namen von „Steuerzahlern" in: Pausch, Vom Beutesymbol zur Steuerbilanz, Köln 1982, S. 24 f.

16 So Erkki Solonen, Über den Zehnten im alten Mesopotamien. Ein Beitrag zur Geschichte der Besteuerung, in: Studia Orientalia, Vol. XLIII, 4, Helsinki 1972, S. 58. – Vgl. Hagedorn-Pausch, Das Finanzpersonal im Spiegel der Geschichte, Bonn 1987, S. 12.

17 Aufschlußreiches Vergleichsmaterial bieten die vielen Zehntbelege im Alten Testament, dazu Pausch, Steuern in der Bibel, Köln 1986, S. 40 ff.: „Die orientalischen Frühsteuern", S. 54 ff.: „Die israelitischen Kult- und Staatssteuern." Vgl. auch Anton Jirku, Altorientalischer Kommentar zum Alten Testament, Hildesheim 1972, S. 61.

18 Die Gabenträger aus einer Reihenfolge von neun Männern mit Krügen, Schalen, Vasen und Körben werden von den Kunsthistorikern zumeist als „Opferprozession" gedeutet, was einer steuerfachlichen Hinterfragung keinen Abbruch tut. Für Kultfeste wurden vielfach auch bei den Naturvölkern vom Festhäuptling steuerartige Zwangsabgaben verlangt. Vgl. Gerloff (Anm. 3) z. B. S. 54: „Feststeuern sind Abgaben, die zu entrichten sind, wenn am Hofe des Häuptlings ein Fest begangen wird, sei es ein Stammes- oder ein Familienfest. Die Leistungen zu den Stammesfesten kann man noch als Dargaben bezeichnen, obwohl sie sich in Hergaben, d. h. Abgaben steuerähnlichen Charakters, umzuwandeln pflegen. Da mag es dann wohl geschehen, daß die Veranstaltung von Festen hauptsächlich zum Zwecke der Abgabeeinziehung und der Schröpfung der Stammesangehörigen erfolgt." – Ähnliche altorientalische Darstellungen mit Gabenträgern werden vielfach als Tributzüge gedeutet, denen ebenfalls Steuerleistungen zugrundeliegen können, vgl. Georg Walser, Die Völkerschaften auf dem Relief von Persepolis, Berlin 1966, S. 11 (mit Anm. 1) ff.

19 Zit. nach Franz König (Hrsg.), Der Glaube der Menschen, Bonn/Wien 1985, S. 69. – Vgl. Haase (Anm. 12), S. 37; Korsac (Anm. 5), S. 60; Kühn (Anm. 4), S. 88.

20 Haase (Anm. 12), S. 113.

21 Ausgehend vom Alten Testament, z. B. der Herr zu Mose: „Das Land gehört mir..." in: Leviticus 25,23; „Dem Herrn gehört die Erde und was sie erfüllt, der Erdkreis und seine Bewohner" in Psalm 24,1; heute im Loblied „Großer Gott, wir loben dich... alles ist dein Eigentum", z. B. in: Gotteslob, Stuttgart und Köln 1975, Lied Nr. 257 3. Strophe.

22 Wir stützen uns vornehmlich auf die Keilschriftforschungen von Anton Deimel S. J., in: Orientalia (= Or), Roma, 1920–1930, mit der Zusammenfassung in: Analecta Orientalia (= AnOr) 2, Roma 1931. – Vgl. auch S. Kramer (Anm. 6), S. 45 ff.; Solonen (Anm. 16), S. 9 ff. – Josef Bauer, Altsumerische Wirtschaftstexte aus Lagasch, Rom 1972, mit Übersicht über die in- und ausländische Literatur, S. 15 ff., und zahlreichen Urkunden über Fischereiabgaben, Kultabgaben und sonstigen Abgaben, S. 35 ff.

23 Dazu und zum folgenden: Deimel (Anm. 22), Or 1920 Nr. 2, S. 19 ff., AnOr, S. 95 ff.

24 Dietz, Otto Edzard, Sumerische Rechtsurkunden des III. Jahrtausends, München 1968, S. 82, 222. Es handelt sich um einen Sammelbegriff für „Abgaben, Steuern", so daß der engere Steuercharakter aus dem jeweiligen Kontext erschlossen werden muß. Bei den vielen bruchstückartigen Zufallsfunden sind die bisherigen Forschungsergebnisse z. T. noch hypothetisch. Eine sichere Klärung wird erst nach weiteren Textfunden möglich sein. – Ein ähnlicher Sammelbegriff für Abgabe, Steuer, Zins, Vieh, Zicklein war sumerisch „mas", vgl. ders., Altbabylonische Rechts- und Wirtschaftsurkunden aus Tell ed-Der im Iraq Museum Bagdad, München 1970 S. 241, i. V. m. Friedrich Delitzsch, Sumerisches Glossar, Leipzig 1914, S. 183, ferner E. E. Vardiman, Nomaden, Düsseldorf 1977, S. 55: „Im Sumerischen stand denn auch ‚mas' sowohl für Jungtier wie für Zins, aber auch für Steuern." Dazu auch Bauer (Anm. 22) zur lulgu-Abgabe S. 624 i. V. m. 295, zur mas-Abgabe S. 625 mit Verweisungen.

25 Solonen (Anm. 16), S. 46 f.

26 Vgl. Hirsch B. Fassel, Die mosaisch-rabbinische Tugend- und Rechtslehre, 2. Aufl., Aalen 1981, S. 103: „Wer sich daher einer gesetzlichen Steuer entzieht oder sie umgeht, übertritt das Verbot Gottes: Du sollst nicht rauben."

27 Beschreibungen des Mosaiks als Kult- oder Tributdenkmal z. B. bei Parrot (Anm. 6), S. 144 ff.; Walser (Anm. 18), S. 11 f.

28 Kramer (Anm. 6), S. 41 ff.

29 Vgl. Korsac (Anm. 5), S. 62.

30 Carl Grimberg, Weltgeschichte, I. Bd., Amsterdam 1975, S. 148.

31 Kramer (Anm. 6), S. 44 f.

32 Richard Haase, Die keilschriftlichen Rechtssammlungen in deutscher Fassung, 2. Aufl., Wiesbaden 1979, S. 1.

33 Ebenda S. 2 f.; Kramer (Anm. 6), S. 45 ff.; Deimel (Anm. 22) Or 2/1920, S. 3 ff., AnOr, S. 76 f. (Begünstigte Berufe).

34 Ausschnitt aus der Abb. bei Parrot (Anm. 6), S. 218 ff.; er erklärt die knienden Männer als „Tributbringer", die Körbe in den Händen tragen, aus denen Gefäße hervorragen.

35 Dazu und zum folgenden: Wolfgang Helck, Wirtschaftsgeschichte des Alten Ägypten im 3. und 2. Jahrtausend v. Chr., Leiden/Köln 1975, S. 18 ff.; Lexikon der Ägyptologie (= LÄ), Bd. I–VII, Wiesbaden 1975–1987.

36 Vgl. Erik Hornung, Einführung in die Ägyptologie, Darmstadt 1967, S. 23; Wolfgang Schenkel in: LÄ (Anm. 35) Bd. V, Sp. 713 ff.

37 W. Helck in: LÄ (Anm. 35) Bd. I, Sp. 3 ff.

38 Ebenso Bertrand Adams, Fragen altägyptischer Finanzverwaltung, München-Pasing 1956, S. 21 f. – Vgl. auch Wolfgang Boochs, Die altägyptische Finanzverwaltung, in: Antike Welt 1986, S. 45 ff.

39 Beschreibung als „Opferprozession" im Katalog des Ägypt. Museums Berlin 1986, S. 130, Aufn. Margarete Büsing.

40 Helck in: LÄ (Anm. 35) Bd. II, Sp. 333 ff.

41 Nach Duden Etymologie, Stichwort „Fron"; Grimm, Deutsches Wörterbuch Bd. 4, Sp. 234 mit weiteren Erläuterungen.

42 Helck, Wirtschaftsgeschichte (Anm. 35), S. 226 ff.: Hornung (Anm. 36), S. 91: Bernhard Laum, Geschichte der öffentlichen Finanzwirtschaft, in: Handbuch der Finanzwissenschaft, 2. Aufl. Bd. I, Tübingen 1952, S. 213; Adams (Anm. 38), S. 50 ff.

43 Vgl. A. Pausch, Steuerkuriosa seit Menschengedenken, 6. Aufl., Köln 1986, S. 14; Helck (Anm. 35), S. 99 ff.

44 Vgl. Rosemarie Drenkhelm in: LÄ (Anm. 35) Bd. II, Sp. 950 f.

45 Zur Bedeutung des Alten Testamentes für die Ägyptologie (mit Frondiensten, Tributen) vgl. Reinhard Grieshammer in LÄ (Anm. 35) Bd. II, Sp. 159 ff.

46 Wolfgang Boochs in: LÄ (Anm. 35) Bd. VI, Sp. 68 ff.; Adams (Anm. 38), S. 98 ff.

47 Laum (Anm. 42), S. 214; vgl. auch Schmölders HwStR, S. 618: „Die Beitreibung der geschuldeten Abgaben erfolgte mit größter Härte ..."

48 Über Opposition und Unruhen vgl. LÄ (Anm. 35) Bd. IV, Sp. 597 ff., Bd. VI, Sp. 852 ff.

49 Dazu Manfred Gutgesell in: LÄ (Anm. 35), Sp. 82 ff.

50 Adolf Erman, Ägypten und ägyptisches Leben im Altertum, neubearbeitet von H. Ranke, Hildesheim 1977, S. 141–145.

51 Vgl. Steuern in der Bibel (Anm. 17), S. 46.

52 Nach William J. Martin, Tribut und Tributleistungen bei den Assyrern, Studia Orientalia VIII 1, Helsinki 1936, S. 5 ff., 45; Bruno Meissner, Babylon und Assyrien, Bd. I, Heidelberg 1920, S. 130 ff., 143.

53 A. Pausch, Steuerseufzer mit Dekor, Köln 1963, S. 10.

54 Schmökel (Anm. 5), S. 247 ff., 252 f.

55 Herodot, Historienn III, 97.

56 Ebenda III, 61 ff.; Eduard Meyer, Geschichte des Altertums, Bd. III, 6. Aufl., Stuttgart 1980, S. 192 ff.

57 Herodot, Historien VI, 59.

58 A. Andreades, Geschichte der griechischen Staatswirtschaft, Bd. I, München 1931 (Neudruck Hildesheim 1965), S. 109 ff.; Solonen (Anm. 16), S. 29 ff.

59 Gerold Walser (Anm. 18), S. 20 ff.; ders., Persepolis, Die Königspfalz des Darius, Tübingen 1980, S. 16.

60 Herodot III, 96.

61 Herodot IV, 42; vgl. Gerold Walser, Hellas und Iran, Darmstadt 1984, S. 33.

62 Armin Spitaler, Das Doppelbesteuerungsproblem bei den direkten Steuern, 2. Aufl. Köln 1980, S. 1.

63 Thukydides, Geschichte des Peloponnesischen Krieges I, 98; dazu Andreades (Anm. 58), S. 327 ff.; G. Walser (Anm. 61), S. 57 ff.

64 Xenophon, Hellenika, I, 3. Vgl. zu diesem Kapitel Pausch, Antike Vorläufer der Zollunion, ZfZ 1973, S. 33 ff. mit weiteren Belegen.

65 Xenophon (Anm. 64), IV, 8. – Zu den Steuerinschriften des Attischen Seebundes auf der Akropolis Dina Delmouzou-Peppa, The Institution of Public Accounts in Ancient Greece, Athen 1963.

66 Vgl. hierzu Andreades (Anm. 58) mit Fundstellen S. 452; Paulys Realenzyclopädie der Classischen Altertumswissenschaft (= RE) 8. Hbd., Sp. 2423 ff.

67 Thukydides, Geschichte des Peloponnesischen Krieges, VI, 54.

68 So im Alten Testament schon bei den Ägyptern unter Josef, dem Haushaltsmeister Pharaos, Genesis 41,34; 47,24.

69 Auch in der Bibel betrifft das früheste Zehntzitat den Beutezehnt, überbracht durch den siegreichen Abraham an den Priester Melchisedek, Genesis 14,16–20; dazu: Steuern in der Bibel (Anm. 17), S. 58 f.

70 Z.B. die Händler auf Samos, laut Herodot IV, 152; R. J. Hopper, Handel und Industrie im klassischen Griechenland, München 1982, S. 158.

71 Pausanias, Beschreibung Griechenlands, übersetzt und hrsg. von Ernst Meyer, Bd. 2 München 1972, S. 482 ff. mit weiteren Beispielen von Weihezehnten für griechische Pilgerstätten.

72 So z.B. Laum (Anm. 42), S. 218; Schmölders (Anm. 47), S. 618, aber einschränkend in: Das Irrationale in der öffentlichen Finanzwirtschaft, Hamburg 1960, S. 113.

73 Andreades (Anm. 58), S. 135 ff., wonach dieser makellose Charakter der Liturgien nicht

lange anhielt; die „freiwilligen" Dienste scheinen vielfach einer gesellschaftlichen Pflicht und allmählich einem staatlichen Druck entsprungen zu sein. Vgl. Hans Schaefer, Politische Ordnung und individuelle Freiheit im Griechentum, in: Wege der Forschung, Bd. XCVI, Darmstadt 1969, S. 139 ff.

74 Andreades (Anm. 58), S. 295 ff.; Der kleine Pauly, Lexikon der Antike (= LdA), München 1979, Bd. 3, Sp. 1276 ff.

75 Vgl. Francesco De Martino, Wirtschaftsgeschichte des alten Rom, München 1985, S. 36 ff.

76 Dazu RE (Anm. 66) 2. Reihe, 13. Hlbd., Stuttgart 1939, Sp. 1 ff.; Haas-Kienle, Lat.-deutsches Wörterbuch, S. 574 f.; A. Walde, Lat. etymol. Wörterbuch, 2. Bd. Heidelberg 1954, S. 703 f.; K. E. George, Ausf. lat.-deutsches Handwörterbuch, 2. Bd. Hannover 1959, Sp. 3210 ff.

77 Juvenal, Satiren 10,81.

78 Ausschnitt aus einer Abbildung in dem Katalog „Die Daker, Archäologie in Rumänien", Ausstellung der Historischen Museen der Stadt Köln, Mainz 1980, S. 121.

79 Zum folgenden Martino (Anm. 75), S. 85 ff.; Ernst Kaemmel, Finanzgeschichte, Berlin (Ost) 1966, S. 25 ff.; Moses I. Finley, Die Antike Wirtschaft, München 1977, S. 65 ff.

80 Andreades (Anm. 58), S. 296, 299. – In Rom scheinen anfänglich auch die eigenen Bürger, die sich dem Bürgerzensus entzogen, mit dem Verlust der Freiheit bestraft worden zu sein, vgl. Theodor Mommsen, Römisches Staatsrecht, 2. Bd. I, S. 367.

81 Zu diesem Kapitel: Karl Christ, Römische Geschichte, Darmstadt 1980, S. 60 ff.; Martino (Anm. 75), S. 159 ff.; RE (Anm. 66) Stichwort „census", „tributum"; Reallexikon der Germanischen Altertumskunde, Stichwort „Caesar".

82 Vgl. Ethelbert Stauffer, Jesus, Bern 1957, S. 27: „Die stolzen gallischen Heerkönige und Stämme wehrten sich verzweifelt gegen alle Zensuraktionen."

83 Flavius Josephus, Jüdische Altertümer XVIII I, 1 u. 6; ders., Der jüdische Krieg II 8,1; Neues Testament, Apostelgeschichte 5,37.

84 Neues Testament, Lukas 2,1–5. Dazu Jens Peter Meincke, Die Schätzung des Quirinius, Der Betrieb 1982, S. 1 ff.; Horst Braunert, Der Römische Provinzialzensus und der Schätzungsbericht des Lukas-Evangeliums, in: Historia Bd. 6 1957, S. 192 ff.

85 Steuern in der Bibel (Anm. 17), S. 10 ff.

86 Gerold Walser, Rom, das Reich und die fremden Völker in der Geschichtsschreibung der frühen Kaiserzeit, Stuttgart 1951, S. 106; Jens Peter Meincke, Steuerprotest in der Antike, in Festschrift für Heinz Hübner, Berlin/New York 1984, S. 159 ff.

87 Tacitus, Annalen I, 59; vgl. die Textauszüge zu den zit. Geschichtsschreibern bei Pausch, Der Aufstand des Arminius im Lichte der Zollgeschichte, in: Der Zollbeamte in Niedersachsen, 1986, Heft 1/2 S. 18 ff.

88 Cassius Dio (um 150–235 n. Chr.), Römische Geschichte, 56,18 ff.; vgl. Christoph Rüger, Germania Inferior, Köln/Graz 1968 S. 20.

89 Tacitus, Annalen III, 40.

90 Ebenda IV, 72: „rapti qui tributo aderant milites et partibulo adfixi"; unsere Übersetzung nach Karl Hoffmann. Erich Heller (München–Zürich 1982) übersetzt: „Man überfiel die zur Tributerhebung eingesetzten Soldaten und schlug sie ans Kreuz."

91 Dazu Bernhard Overbeck, Rom und die Germanen, Das Zeugnis der Münzen, Stuttgart 1985, S. 21 Nr. 65, S. 37 Nr. 111.

92 Tacitus, Annalen IV, 6.

93 Steuern in der Bibel (Anm. 17), S. 26–36.

94 Ebenda (Anm. 17), S. 96 f.

95 Ebenda (Anm. 17), S. 98 i. V. mit dem Brief des Paulus an die Römer 13,6 f. (hier in der Einheitsübersetzung).

96 Vgl. Bo Reicke, Neutestamentliche Zeitgeschichte, Berlin und New York 1982, S. 311 f.

97 Neues Testament, Apostelgeschichte 5,29.

98 Nach Eusebius von Caesarea, Kirchengeschichte III, 20.

99 Justin, 1. Apologie, zit. nach Andreasbibel Bd. 6, S. 2782.

100 Vgl. Ethelbert Stauffer, Christus und die Caesaren, Hamburg, 4. Aufl. o. J., S. 149.

101 Ebenda und Andreasbibel Bd. 6, S. 2789 ff.

102 Die Schätze der „Drei Könige" hängen mit den althistorischen Abgaben zum Lobpreis des Monarchen zusammen; vgl.; Steuern in der Bibel (Anm. 17), S. 40 ff.; A. Pausch, Die „Huldigungsteuer" in der Weihnachtserzählung des Matthäus, in Finanz-Rundschau 1983, S. 597 ff.; Die „Kassenverwalter" aus dem Morgenland, in Kommunale Kassen-Zeitschrift 1983, S. 28 ff.

103 Vgl. zu diesem Kapitel: RE (Anm. 66) 13. Halbbd., Sp. 70 ff.; Martino (Anm. 75), S. 466 ff.

104 Hierzu A. H. M. Jones, Der Römische Kolonat, Überbesteuerung und Niedergang des römischen Reiches, in: Wege der Forschung Bd. 552, Darmstadt 1981, S. 82 ff., 100 ff., 104; Lexikon für Theologie und Kirche Bd. 6, Sp. 726 f. zu Lactantius, der in seiner Schrift „De mortibus persecutorum", 23 berichtet, daß zur Erpressung von Geständnissen die Folter angewendet wurde. Textauszüge bei Stauffer (Anm. 82), S. 28 f., Pausch, Steuerkuriosa seit Menschengedenken, Köln 1986, S. 32.

105 Codex Theodosiani 5,17,1 (Nach Jones Anm. 104), S. 82, 90).

106 Ebenda S. 91–93.

107 Codex Justiniani II, 53,1; 52,1.

108 Vgl. Michael Grant, Der Untergang des römischen Reiches, Bergisch Gladbach 1976, S. 99: „Der Staat brauchte die Steuern, um zu überleben, und das Fehlen dieser öffentlichen Einnahmen war einer der Gründe für den Untergang Roms." Zu den Bauernaufständen der Spätantike in Gallien und Spanien E. A. Thompson in: Wege der Forschung Bd. 552, Darmstadt 1981, S. 29 ff. – Zur Steuerflucht und zu den Unterdrückungen durch die Grundherren vgl. auch Finley (Anm. 79), S. 103 ff., S. 105 mit Hinweis auf das Zeugnis des Kirchenvaters Chrysostomos.

109 Vgl. Felix Genzmer, Heliand und die Bruchstücke der Genesis, Stuttgart 1956, S. 11 ff.

110 Fundstellen bei Alfons Dopsch, Die Wirtschaftsentwicklung der Karolingerzeit, II, 3. Aufl., Darmstadt 1962, S. 272 ff., 346 ff.; Karl Wührer, Der Deutsche Staat des Mittelalters, I, Jena 1932, S. 359 ff.; dazu auch Alfons Pausch, in: „Von der Reichsschatzkammer zum Bundesfinanzministerium", Bonn 1969, S. 33 ff.; ders. in: Heiratssteuer, Fräuleinsteuer, Prinzessinsteuer, Köln 1987, S. 19 mit Anmerkungen; Elsbeth Orth in: Mit dem Zehnten fing es an, München 1986 mit Anm. 18, S. 273.

111 Tacitus, Germania, Kap. 15.

112 Nach einer merowingischen Quelle wurden den Königen gemäß alter Gewohnheit Gaben ausdrücklich „vom Volke" (a populo) dargebracht, s. K. Wührer (Anm. 110), S. 360 f.

113 Abdruck des Mainzer Krönungsordos: Geschichte in Quellen, Bd. II, München 1975, S. 184.

114 Abgedruckt in „Ausgewählte Quellen" der Freiherr vom Stein-Gedächtnisausgabe, Bd. XXXI, Darmstadt 1967, S. 38 f. Zum folgenden Gunter Zimmermann, Die Antwort der Reformatoren auf die Zehntenfrage, Frankfurt a. M. und Bern, 1982, S. 20 ff.; A. Pausch, Zehntabgaben-Ordnung aus dem Jahre 1669, Köln 1981, Einführung; Lexikon für Theologie und Kirche, Stichwort „Zehnt" mit Verweisungen.

115 Heute in der Herzog August Bibliothek Wolfenbüttel, Cod. Guelf. 3,1 Aug. 2°. – Vgl. A. u. J. Pausch, Zoll und Steuer im Sachsenspiegel, in: Der Zollbeamte in Niedersachsen, 1987, S. 18 ff.

116 Grimms Deutsches Wörterbuch, Stichwort „Holde".

117 Auf dem Titelblatt eines Sammelwerkes „Nützliche Vorstell- und Ausübung des Zehend-Rechts", 1708.

118 Vgl. Jacob Grimm, Deutsche Rechtsaltertümer I, Nachdruck Darmstadt 1974, S. 545 f.

119 Haberkern/Wallach, Hilfswörterbuch für Historiker, München 1974 S. 669, wonach der Zehnte die Höhe von 10% nur selten erreicht haben soll.

120 Dazu Arnold Pöschel, Das Karolingische Zehntgebot in wirtschaftlicher Bedeutung, Graz 1927, S. 7 ff.

121 Nach dem Capitulatio de partibus Saxoniae von 785, in: Geschichte in Quellen, Bd. II S. 90 f.; zur Todesstrafe vgl. Handbuch der Kirchengeschichte, hrsg. von Hubert Jelin, Bd. III 1, Freiburg 1966/1985, S. 74.

122 Helmond von Bosau, Slavenchronik, in: Ausgewählte Quellen, Bd. XIX, S. 322 f.

123 Vgl. Gesetze der Angelsachsen 601–925, hrsg. von K. A. Eckhardt, Göttingen 1958, S. 103.

124 Vgl. auch Erwin Hölk, Zehnte und Zehntkämpfe der Reichsabtei Hersfeld im frühen Mittelalter, Marburg 1933, S. 46 f.

125 Fundstellen hierzu und zum folgenden: K. Wührer (Anm. 110), S. 309 ff. (zur Karolingerzeit).

126 A. Dopsch (Anm. 110), S. 21 f.

127 So z. B. nach dem Dienstrecht des Kölner Erzbischofs von 1165, in: Ausgewählte Quellen Bd. 32, S. 267 ff.

128 So bei den Tributzahlungen an die Normannen nach Regelungen unter Karl dem Dikken von 877, vgl. Geschichte in Quellen II, S. 125.

129 „ut homines a quibuscumque defendere ipsos inquietantibus", s. Lexikon des Mittelalters Bd. I, Sp. 1779.

130 Ebenda. – Die vielfältigen Entwicklungen der Schutzsteuern und Beden geben ein begrifflich verwirrendes Bild, vgl. Haberkern/Wallach, Hilfswörterbuch für Historiker, Stichwort „Bede" mit Verweisungen. Zur landesherrlichen Bede in Deutschland vgl. A. Erler, Bede, in: Handwörterbuch zur Deutschen Rechtsgeschichte.

131 Vgl. B. E. V. Sabine, A Short History of Taxation, London 1980 S. 2 ff.; Westendorf, Die geschichtliche Entwicklung des Abgabenwesens in England und Amerika, in: Finanzarchiv 1927 S. 148; Webber–Wildavsky, (Anm. 11), S. 180.

132 André Neurisse, Histoire de l'impôt, Paris 1978, S. 42 ff.: „L'impôt féodal"; Sabine (Anm. 131), S. 2 und 5: „... feudal sources ... as indirect taxation". Vgl. Winfried Schulze, Deutsche Geschichte im 16. Jahrhundert, Frankfurt a. M. 1987, S. 220, wonach die Bauern „Zins und Gilt" wie eine Steuerlast für Schutz und Schirm auffaßten.

133 S. oben im I. Teil das Kapitel „Von Steuerpflichtigen zu Leibeigenen", S. 44.

134 Dazu J. Grimm, Deutsche Rechtsaltertümer I, Kap. IV „Knechte".

135 Vgl. die Übergabeformel aus Westfranken (um 725–750) und die Selbstübergabe von Freien nach einer Urkunde von 957: Friedhelm Forwick, Eigentum und Freiheit, München 1972, S. 51 f., 53, sowie S. 43 f. mit einem vergleichbaren Vorgang aus spätrömischer Zeit.

136 Vgl. Lexikon des Mittelalters I, Sp. 32 ff.

137 Vgl. Johannes Falke, Die Geschichte des deutschen Zollwesens, Neudruck Frankfurt a. M. 1968, S. 12 ff., 19, 135; Wührer (Anm. 110), S. 90 ff., 369; Dopsch (Anm. 110), S. 213 ff.

138 So im Reisebericht eines Mönches aus Reims von 991, bei Otto Bucher, Das Mittelalter, München 1965, S. 71 ff.

139 Vgl. Heribert Hassinger, Die Bedeutung des Zollregals ..., in: Festschrift Hermann Aubin I, Wiesbaden 1965, S. 153 ff.; Albrecht Hoffmann, Deutsches Zollrecht, Leipzig 1902, S. 2 ff.

140 Der Marktzwang findet sich schon in einem Kapitulare Ludwigs des Frommen von 820, s. Wührer (Anm. 110), S. 369; der Straßenzwang wurde vom hohen Mittelalter an allgemein üblich.

141 Besondere Berühmtheit erlangte die französische Schmugglerbande von Mandrin, vgl. Jean Bastid, Les Douanes, Paris 1965 S. 8;

zum späteren Aufblühen des Schmuggels auf den britischen Inseln vgl. Edward Carson, The Ancient and Rigthful Customs, London 1972, S. 334, Stichwort „Smuggling".

142 § 349 Abs. 1 Satz 3 i.d.F. des § 56 Nr. 1 Satz 3 der 3. SteuernotVO von 1924, dann § 396 Abs. 1 Satz 3 RAO. Bildquelle: Festschrift „Die Steuerberater in Rheinland-Pfalz", Mainz 1986, S. 46.

143 Vgl. z.B. für Frankfurt a.M.: Friedrich Bothe, Die Entwicklung der direkten Besteuerung in der Reichsstadt Frankfurt, Leipzig 1906, S. 142 ff.

144 So schon 1201 in Regensburg; hierzu und zum folgenden: Karl Zeumer, Die deutschen Städtesteuern, Leipzig 1878, S. 60 ff.

145 Vgl. Lucas Landucci, Ein florentinisches Tagebuch 1450–1516, Düsseldorf/Köln 1978, S. 4 f., 61 f.

146 Vgl. Walter Bernhardt, Finanzen, in: Acht Jahrhunderte Stadtgeschichte, Sigmaringen 1981, S. 98 ff.; Klaus Gerteis, Die deutschen Städte in der frühen Neuzeit, Darmstadt 1986, S. 81 ff., 88 ff.

147 Bekanntere Beispiele: Der Kornsteueraufstand in Braunschweig von 1374, vgl. Heinrich Mack, Die Finanzverwaltung der Stadt Braunschweig bis zum Jahre 1374, Neudruck Aalen 1970, S. 98 ff.; Der Ungeldaufstand in Augsburg von 1397, in: Quellen zur Wirtschafts- und Sozialgeschichte mittel- und oberdeutscher Städte im Mittelalter, Darmstadt 1982, S. 249 f. – Dazu Reinhard Barth, Argumentation und Selbstverständnis der Bürgeropposition in städtischen Auseinandersetzungen des Spätmittelalters, Köln/Wien 1976, mit Hinweisen auf über 50 Aufstände im 14. u. 15. Jht.

148 Franz Baltzarek, Das Steuerrecht der Stadt Wien 1526–1760, Wien 1971, S. 77 ff.

149 Abb. u. Erläuterungen bei Titus Burckhardt, Siena, Stadt der Jungfrau, Olten und Lausanne 1958, S. 27 f., 75.

150 So die offizielle Ausdrucksweise im ersten umfassenden mittelalterlichen Gesetzbuch des Abendlandes aus Sizilien im 13. Jahrhundert, vgl. H. Conrad (u.a. Hrsg.), Die Konstitutionen Friedrichs II. von Hohenstaufen für sein Königreich Sizilien, Köln und Wien 1973, Tit. 67.

151 Dazu Lexikon des Mittelalters Bd. I, 1980, Sp. 34 f.; Werner Rösener, Bauern im Mittelalter, München 1986, S. 152 ff.

152 Hinsichtlich der privilegierten Geistlichkeit vgl. die Zusammenschau von Eugen Mack, Die kirchliche Steuerfreiheit in Deutschland, Amsterdam 1965.

153 Dazu André Neurisse, Histoire de l'impôt, Paris 1978, S. 58 ff.; Adolph Wagner, Steuergeschichte vom Altertum bis zur Gegenwart, Leipzig 1910, S. 150 ff.

154 Dazu: Handbuch der Kirchengeschichte, hrsg. von H. Jedin, Bd. III/2, S. 356 ff., 421.

155 Dazu Albert Werminghoff, Die deutschen Reichskriegsteuergesetze von 1422–1427 und die deutsche Kirche, Weimar 1916; Friedrich Bezold, König Sigmund und die Reichskriege gegen die Hussiten, Heidelberg 1976.

156 Eberhard Isenmann, Reichsfinanzen und Reichssteuern im 15. Jahrhundert, in Zeitschrift für Historische Forschung 7, 1980, S. 154 ff., 161, 168, 172.

157 Vgl. A. Pausch, Ordnung des Gemeinen Pfennigs, Köln 1983.

158 Vgl. A. Pausch, Türkensteuer im Heiligen Römischen Reich Deutscher Nation, Köln 1986.

159 In der anschließenden Reformationszeit vor allem Martin Luther, vgl. A. Pausch, Luther und die Steuern, Köln 1983, S. 59 ff., sowie Johannes Eck, vgl. Ludwig Brunner, in: OFD-Nachrichten München, Heft 2/3 – 1987, S. 56 mit der Überschrift „Bevölkerung behindert Einführung der Reichssteuer".

160 Nachweise bei Grabower–Herting–Schwarz, Die Umsatzsteuer, ihre Geschichte und gegenwärtige Gestaltung im In- und Ausland, Köln 1962, S. 137 ff.; zur Wortherkunft von kabala H. Scholten, Die Steuermentalität der

Völker im Spiegel ihrer Sprache, Köln 1952, S. 30.

161 Dazu E. G. Jacob, Lateinamerika Geschichte, Informationen zur politischen Bildung Folge 122, Bonn 1967, S. 11; Imanuel Geiss, Geschichte griffbereit, Bd. 6, Reinbek bei Hamburg 1979, S. 328 ff.

162 Dazu Hermann Kellenbenz in: Handbuch der Deutschen Wirtschafts- und Sozialgeschichte, Bd. 1, Stuttgart 1971, S. 447 ff., 452, mit Beispielen weiterer Großunternehmer jener Zeit; vgl. auch Günter Ogger, Kauf dir einen Kaiser, Die Geschichte der Fugger, München/Zürich 1978, S. 126 ff., 145 ff., 259 ff.

163 Geschätzt nach der Reichssteuervorlage von 1474 und der hessischen Türkensteuer von 1566, vgl. Isenmann (Anm. 156), S. 164 und L. Zimmermann/K. Krüger, Der Ökonomische Staat, Landgraf Wilhelms IV. von Hessen, Bd. III, Marburg 1977, S. 34.

164 Hierzu A. Pausch, Von der Steuerbilanz zur Handelsbilanz, geschichtlich betrachtet, in DStZ-A 1979, S. 59 ff.; ders. Vom Beutesymbol zur Steuerbilanz, Köln 1982, S. 58 f.

165 Wir stützen uns nachfolgend auf die „Quellen zur Geschichte des Bauernkrieges", gesammelt und hrsg. von Günther Franz, Freiherr vom Stein-Gedächtnisausgabe, Bd. II (Neuzeit), Darmstadt 1963, hier S. 176.

166 Ebenda S. 164.

167 Ebenda S. 12, 293.

168 Ebenda S. 266, 308.

169 Ebenda S. 279; 110, 112, 114, 121, 283, 303, 309.

170 Ebenda S. 124–130.

171 Nach Winfried Schulze, Deutsche Geschichte im 16. Jahrhundert.

172 Fundstellen zu diesem Kapitel: Horst Lademacher, Geschichte der Niederlande, Darmstadt 1983, S. 62 ff.; Wij van Financien, Den Haag 1983, S. 53 ff.; Grabower u. a., Die Umsatzsteuer, Köln 1962, S. 150 f.

173 Hierzu Johannes Kunisch, Wallenstein als Kriegsunternehmer, in: Mit dem Zehnten fing es an, München 1986, S. 153 ff. nebst Fundstellen S. 279–281.

174 Überschlägig berechnet nach Fritz Verdenhalven, Alte Maße, Münzen und Gewichte aus dem deutschen Sprachgebiet, Neustadt a.d. Aisch 1968, S. 13, 26, 43 (am Beispiel Lüneburgs).

175 H. J. Ch. von Grimmelshausen, Abenteuerlicher Simplicius Simplicissimus, hrsg. von Kurt Waselowsky, München 1959, S. 101, vgl. ferner S. 14, 40, 152, 165, 170, 282.

176 Zu Kur-Brandenburg vgl. Ernst Klein, Geschichte der öffentlichen Finanzen in Deutschland (1500–1870), Wiesbaden 1974, S. 24, 41 ff.

177 Abgedruckt in Grundzüge der Geschichte, Quellenband I, Frankfurt a.M. 1972, S. 201 Art. 12 u. 14.

178 Ebenda S. 293.

179 Ebenda S. 344 ff.

180 Dazu Sabine (Anm. 131), S. 82 ff., 88 f.

181 Dazu Carson (Anm. 141) S. 40 ff.

182 Vgl. A. u. J. Pausch, In memoriam Tür- und Fenstersteuer, in: roto-informationen, Stuttgart 1978, Heft 3 S. 2.

183 Vorarbeiten zu diesem Kapitel: A. Pausch, No Taxation without Representation, Betrachtungen zur „Steuertaufe" der USA, in DStZ-A 1976, S. 235 ff.; ders., Der Zoll im Entwicklungsprozeß einer Weltmacht, Betrachtungen zum 200jährigen Bestehen der USA, in ZfZ 1976 S. 202 ff.; vgl. auch Herbert Dorn, Das Steuersystem der Vereinigten Staaten im Lichte der Rechtsvergleichung, in StuW 1957, Sp. 273 ff., 473 ff.

184 Zu diesem Kapitel Gabriel Ardant, Histoire de l'impôt, Bd. 2, Paris 1972, S. 155 ff.; Walter Markov und Albert Seboul, Die Große Revolution der Franzosen, Köln 1977, S. 54 ff. Georges Pernoud und Sabine Flaissier (Hrsg.), Die Französische Revolution in Augenzeugenberichten, München 1976, S. 15 ff.

185 Nach Übersetzungen von Fritz Hartung, Die Entwicklung der Menschen- und Bürger-

rechte von 1776–1946, Berlin 1948, S. 31; Günther Franz, Staatsverfassungen, 1964, S. 303 ff., abgedruckt in: Grundzüge der Geschichte, Quellenband II, Frankfurt a.M. 1975, S. 25.

186 Ebenda Quellenband II, S. 26 mit Wortlaut der Verfassung.

187 Nach Webber–Wildavsky, A. History of Taxation, New York 1986, S. 263; vgl. dazu Alexis de Tocqueville, Der alte Staat und die Revolution, übersetzt von Th. Oelckers, München 1978, S. 39 ff.: „Warum die Lehnsrechte in Frankreich beim Volke verhaßter waren als anderswo". Zur internationalen Durchschnittsbelastung vgl. P. C. Hartmann, Das Steuersystem der europäischen Staaten am Ende des Ancien Régime, München 1979, S. 321 ff.

188 Vgl. für Großhessen die radikaldemokratische Flugschrift „Der Hessische Landbote" von 1834, kritisch beleuchtet von Gerhard Schaub, Georg Büchner – Friedrich Ludwig Weidig, München/Wien 1976, S. 10 ff.

189 Hierzu A. Pausch, Steuerverweigerung in Bonn und Siegburg Anno 1848/49, in DStR 1976, S. 684 ff., Sonderdruck Siegburg 1976, S. 7 ff.

190 § 187 der Verfassung des Deutschen Reiches vom 12. 4. 1849; getrennt davon verkündete der Reichsverweser das „Gesetz über die Wahlen der Abgeordneten zum Volkshaus", wonach die Wahlen auf dem allgemeinen, gleichen und direkten Wahlrecht beruhen sollten, vgl. dazu Inge Schlieper, Wurzeln der Demokratie in der deutschen Geschichte, Bonn 1967, S. 188 ff.

191 Das Dreiklassenwahlrecht wurde verankert in Art. 71, 72 der Verfassungsurkunde für den Preußischen Staat vom 31. Januar 1850, Ges. Slg., S. 17.

192 Vgl. I. Schlieper (Anm. 190), S. 205 f.

193 Ausführlich zu diesem Kapitel: A. Pausch, Fünfzig Jahre deutsche Steuerfachverwaltung, Düsseldorf 1970, S. 12 ff.

194 So Gottfried Feder (Miturheber von Hitlers Parteiprogramm) und A. Buckeley, Der kommende Steuerstreik, Seine Gefahr, seine Unvermeidlichkeit, seine Wirkung, München 1921.

195 Verordnung des Reichspräsidenten zur Wiederherstellung der öffentlichen Sicherheit und Ordnung vom 15. 9. 1923, § 1, RGBl. 1923, S. 879; vgl. auch dazu Johannes Popitz, Der wirtschaftende Mensch als Steuerzahler, in Vierteljahresschrift für Steuer- und Finanzrecht, Berlin 1930, S. 1 ff., 33 f.

196 In Breslau z.B. kam es 1925 zu einer Demonstration gegen Gemeindesteuern, an der 6000 Bürger mit ihren Hunden gegen die Erhöhung der Hundesteuer protestierten.

197 Nach Forschungsergebnissen von Fritz Blaich, Der ‚Winzersturm von Bernkastel', Ursachen und Auswirkungen eines Steuerstreiks in der Weimarer Republik, in Zeitschrift für Agrargeschichte und Agrarsoziologie 1985, S. 2–26; vgl. Steuerwarte 1926, S. 85 ff.; Der Steuerzahler v. 25. Febr. 1964, S. 24 f. und Heft 9/1956, S. 98.

198 Nach Schimmelreiter, Bauernfahne 4, S. 25 ff. mit Aufrufen für die Kreise Steinburg und Plön vom März 1929. – In Pommern folgten 1931 Bauernaufstände im Zeichen der Schwarzen Fahne.

199 Diese Forderung wurde von dem aus der Frühzeit der Weimarer Republik bekannten Steuerstreik-Experten Gottfried Feder auf eine Flugschrift mit dem Parteiprogramm gesetzt, die in Massenauflagen ausgestreut wurde.

200 Vgl. dazu die Übersichten bei Fritz Reinhardt (Staatssekretär im Reichsfinanzministerium), Die neuen Steuergesetze, Berlin 1934, S. 4 ff.

201 Vgl. Fritz Reinhardt, Handbuch der steuerlichen Betriebsprüfung Bd. I, Berlin 1937 S. 2, wonach Steuervergehen „die schlimmste Art des Eigennutzes" darstellten.

202 Die Androhung bezog sich auch auf die Zölle und Verbrauchsteuern, vgl. Jancke, Fragen der Reichsabgabenordnung, in Deutsche Zollbeamtenzeitung 1935, S. 45.

203 Näheres bei A. Pausch, Hitlers Steuerfrei-

heit, DStZ-A 1970, S. 182 ff.; ders., Wie sich Hitler der Steuerpflicht entzog, DStR 1983, S. 499 ff.

204 Gesetz über die Befreiung des Reichspräsidenten von Hindenburg von Reichs- und Landessteuern für das Rittergut Neudeck vom 27. 8. 33, RGBl. I, S. 595; Gesetz über die Abgabenbefreiung einer Dotation an den Generalfeldmarschall August von Makkensen vom 22. 10. 1933, RGBl. I, S. 1249; Führererlaß betr. das Familienunternehmen Friedrich Krupp vom 12. 11. 43, RGBl. I, S. 655, wonach der Reichsminister der Finanzen ermächtigt wurde, Krupp eine Sonderbesteuerung zu gewähren.

205 Vgl. Franz Klein, Gleichheitssatz und Steuerrecht, Köln 1966, S. 83.

206 Den Höhepunkt der Vernichtung jüdischer Existenzen bildete die „Verordnung über eine Sühneleistung der Juden deutscher Staatsangehörigkeit" vom 12. 11. 38, RGBl. I, S. 1559 mit Durchführungsbestimmungen, vgl. RStBl. 1938, S. 1065, 1073, 1075, 1113 f., 1129, 1130, 1177 und die Erläuterung in DStZ 1939, S. 78 ff. – Zur Judenverfolgung im Steuerbereich vgl. A. Pausch, Max Lion, Pionier des Bilanzsteuerrechts, Aufstieg und Verfolgung eines deutschen Steuerwissenschaftlers jüdischer Abstammung, StuW 1979, S. 149 ff.; ders., Rolf Grabower zum Gedenken, UStR 1983, S. 81 ff.; J. H. Kumpf, Arthur Zarden, Ausstellungskatalog, Siegburg 1985; Franz Klein, Zur Erinnerung an Herbert Dorn, StuW 1987, S. 97 ff.

207 Gesetz über die Finanzierung nationalpolitischer Aufgaben des Reiches (Neuer Finanzplan), RGBl. I, S. 561, RStBl., S. 473; nach Kriegsausbruch wurden neue Finanzierungsquellen erschlossen und Steuergutscheine ab 1. 11. 39 nicht mehr ausgegeben: Dritte DVO zum Neuen Finanzplan vom 22. 10. 39, RGBl. I, S. 2067, RStBl., S. 1061.

208 Dazu Fritz Terhalle, Die Reichsfinanzpolitik im zweiten Weltkrieg, in: Handbuch der Finanzwissenschaft 2. Aufl. Bd. 1, Tübingen 1952, S. 319 ff.

209 Vgl. Wilfried Dann, Zukunftperspektiven der Steuerberatung in Europa, DStR 1983, S. 3 ff., 11.

210 Bundespräsident Richard von Weizsäcker, in: Erinnerung, Trauer und Versöhnung, Ansprache zum 40. Jahrestag des Kriegsendes am 8. Mai 1985, hrsg. vom Presse- und Informationsamt der Bundesregierung, Bonn 1985, S. 77.

211 Dazu Klaus Tipke, Steuergerechtigkeit in Theorie und Praxis, Vom politischen Schlagwort zum Rechtsbegriff und zur praktischen Anwendung, Köln 1981, mit dem Schlußbekenntnis auf Seite 286: „Wir haben bei allen bestehenden Mängeln dankbar dafür zu sein, daß wir in einem Staat leben, in dem es zwar vieles zu verbessern gibt, in dem man aber kein Held zu sein braucht, wenn man kritisiert und Änderungsvorschläge macht." – Vgl. auch Klaus Welzer, Steuergerechtigkeit, Eine entscheidungstheoretische Interpretation, Berlin 1987.

212 Vgl. zu den Schwachstellen der staatlichen Finanzpolitik die Beiträge in: „Der Bürger als Objekt der staatlichen Finanzpolitik", Festschrift für Willy Haubrichs zum 65. Geburtstag, hrsg. von Günter Schmölders/Günther Wöhe/Edwin H. Buchholz, Bad Wörishofen 1977, hier S. 61 f.

213 Zu Entstehung, Aufgaben und Leistungen des Bundes der Steuerzahler sei verwiesen auf die zusammenfassende Chronik „Wer Steuern zahlt, will Sparsamkeit", hrsg. vom Präsidium des Bundes der Steuerzahler e. V., Wiesbaden 1983; ferner auf das monatliche Mitteilungsorgan „Der Steuerzahler", Wiesbaden, sowie auf die laufenden Schriften und Stellungnahmen des Karl-Bräuer-Instituts des Bundes der Steuerzahler e. V., Wiesbaden.

214 So Dr. Helmut Schulze-Borges, Rechtsanwalt und Fachanwalt für Steuerrecht, Bremen, Die Suche nach Form und Inhalt, in: Wer Steuern zahlt will Sparsamkeit (Anm. 213), S. 53.

215 Vgl. zu diesem Kapitel: Gabriel Ardant, La révolte fiscale du XXe siècle, in: Histoire de l'impôt, Livre II, Paris 1972, S. 641 ff.; Infor-

mationsblätter der Französischen Botschaft Bonn, Januar 1979, S. 28; Günter Schmölders und Dieter Lau in: Wer Steuern zahlt, will Sparsamkeit (Anm. 213), S. 13 ff., 227 ff.; A. Pausch, Zum Steuerwiderstand, Steuerprotest und Steuerstreik aus heutiger Sicht, in: Luther und die Steuern, Köln 1983, S. 83 ff.; dpa zur deutschen „Steuer-Rebellen-Partei" in: Die Steuer-Gewerkschaft 1978, S. 18.

216 Hermann Fredersdorf, Die Partei der Steuerzahler, Taschenbuch in der Reihe „Bonn aktuell", Stuttgart 1978; ders.: Der Steuerrebell und seine Gewerkschaft, Wiesbaden 1983; Protestpartei gefragt, in Capital 9/77, S. 120 (mit Umfrage-Ergebnis); Norbert Lammert, Das Phänomen der „Staatsverdrossenheit" und die Strukturdefekte der Parteien, in: Beilage zu Das Parlament B 25/79, S. 3 ff.

217 So in Kreisen der Friedensbewegung, teils auch der Kirchen und vor allem der Grünen mit ihrem „Entwurf eines Gesetzes zur Errichtung und Finanzierung eines Friedensfonds" vom 29. 4. 1986, BT-Drucksache 10/5420; dazu Paul Tiedemann, Kriegssteuerverweigerung und Friedenssteuerfonds, DStZ 1986, S. 457 f.; ders., Steuerverweigerung aus Gewissensgründen, StuW 1988, S. 69 ff.; Siegbert Woring, Keine Steuerverweigerung aus Gewissensgründen, DStZ 1986, S. 536 f.

218 Vgl. Günter Schmölders, Der verhaßte Zwang, in: Das Irrationale in der öffentlichen Finanzwirtschaft, Probleme der Finanzpsychologie, Hamburg 1960, s. 113 f.; Karl Heinrich Hansmeyer u. Klaus Mackscheidt, Finanzpsychologie, in: Handbuch der Finanzwissenschaft, 3. Aufl. Bd. I, Tübingen 1977, S. 553 ff. mit weiterführender Literatur.

219 Hierzu grundlegend: Klaus Tipke, Steuergerechtigkeit in Theorie und Praxis, Vom politischen Schlagwort zum Rechtsbegriff und zur praktischen Anwendung, Köln 1981; ders., Steuerrecht, Ein systematischer Grundriß, 11. Aufl. Köln 1987, S. 24 ff.

220 Der weitere Band wird die „Kleine Weltgeschichte der Steuerobrigkeit" sein.

Sachregister

Andere Aspekte der Steuerweltgeschichte werden behandelt in:

Alfons und Jutta Pausch

Kleine Weltgeschichte der Steuerobrigkeit

Steuerherren – Steuerverwalter – Steuerpolitiker

Erscheint voraussichtlich 1989

Alfons und Jutta Pausch

Kleine Weltgeschichte der Steuerberatung

Steuerdenker – Steuerkritiker – Steuerberater

Erscheint voraussichtlich 1990

Die Bände erscheinen in der gleichen Ausstattung und mit etwa dem gleichen Umfang wie der jetzt vorliegende Band.

Bitte beachten Sie die nachfolgenden Verlagsanzeigen